복지로 모두의 인권을 지킨다면

KB165272

복지로 모두의 인권을 지킨다면

10
지식
+
진로

박성민
승지홍 지음

의료부터 교육까지 행복한 사회를 만드는 7가지 복지

다른

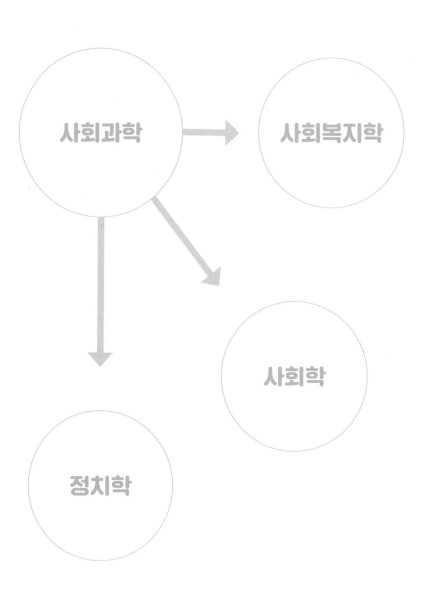

노인복지학

여성복지학

아동복지학

사회복지행정

사회복지정책

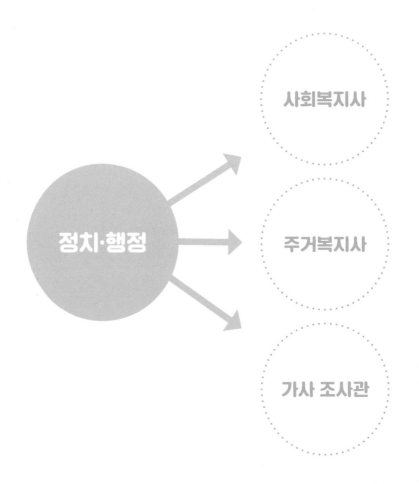

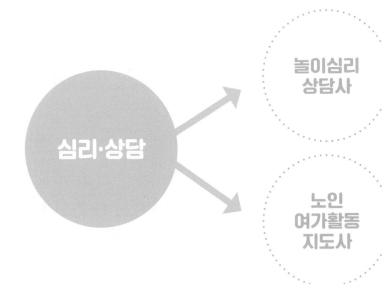

심리·상담

놀이심리
상담사

노인
여가활동
지도사

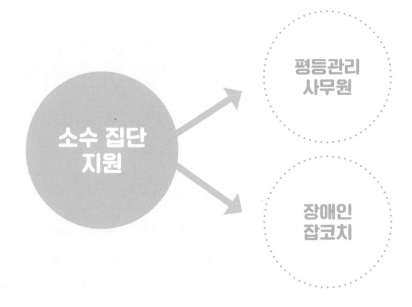

소수 집단
지원

평등관리
사무원

장애인
잡코치

들어가며

│ 품격 있는 사회의 조건, 복지

만화 〈미생〉에는 '워킹맘' 선 차장의 이야기가 나온다. 어린이집에 아이를 두고 정신없이 통화하며 출근하다가 문득 뒤돌아보니 아이가 엄마의 뒷모습을 물끄러미 쳐다보고 있다. 선 차장은 아이를 안아주면서 눈물을 흘리며 이렇게 생각한다. '생활 때문에… 널 미루지 않을게!' 이 부분은 몇 번이나 봐도 가슴이 찌릿하다. 2019년 방영했던 드라마 〈특별근로감독관 조장풍〉을 보면서도 먹먹했다. 드라마에서는 직원들을 착취하고 산재를 은폐하는 사업장에서 근로감독관이 활약해 문제를 풀지만, 드라마는 판타지고 현실은 척박하다. 노력한다고 잘살 수 있는 걸까? 취업하고 결혼하고 보금자리를 마련하고 아이를 갖는 평범한 삶은 우리 사회에서 점점 더 누리기 어려워지고 있다.

만약 아이와 부모, 가족 모두가 행복한 사회 정의가 실현되는 사회라면, 이런 평범한 삶이 누구에게나 가능하지 않을까? 복지는 사회 구성원들의 삶의 질을 개선하기 위한 사회적·제도적 노력으로, 인간다운 삶을 위해 꼭 필요하다. 복지에 대한 논의는 우리 사회에서 더욱 활발해질 전망이다. 우리나라가 고령화 사회로 접어들면서 복지에 대한 사회적 요구가 점점 더 커지고 있기 때문이다. 장애인, 이주 노동자, 아동 등 사회적 약자를 제도적으로 보호하자는 인권 감수성도 높아지는 추세다. 최근에는 코로나19라는 감염병으로 전 세계적 위기를 겪으면서 기본 소득을 비롯한 새로운 복지 제도에 대한 관심과 세대별 논쟁도 뜨거워지고 있다.

국가의 가장 큰 존재 이유는 국민의 생명과 재산을 보호하는 것이다. 국민을 인간답게 살아갈 수 있도록 국민으로부터 권력을 넘겨받은 것이 국가다. 《복지로 모두의 인권을 지킨다면》은 최소한의 사회 안전망인 복지 제도가 사회 구성원이 인간다운 삶을 살게 하는 데 구체적으로 어떤 역할을 하고 있는지 살펴보는 책이다. 지금 우리 사회에서 활발하게 시행되고 있거나 새롭게 논의되는 복지 제도를 의료, 주거, 교육, 여성, 아동, 노인, 노동이라는 7가지 분야로 나누었다. 다양한 분야의 복지가 어떻게 국민의 기본권을 보장하고 양극화와 불평등을 해소하는 데 기여하는지 살펴보고, 해외의 사례도 풍부하게 다루어 복지 제도가 나아가야할 방향과 미래를 독자가 여러 각도에서 상상해볼 수 있게끔 썼다. 특히 고등학교에서 사회를 가르치는 현직 교사와 교수가 공동으로 집필해 청소년의 눈높이에 맞는 책을 쓰고자 했다. 교수의 연구 능력과 교사의 강의 능력을 결합해 복지의 기초 개념과 사회문제를 쉽고 친절하게 전달하고자 했다.

인권이 인간으로서 꼭 누려야 할 권리라는 점에는 누구나 쉽게 공감할 수 있지만, 인권을 실현하는 데 구체적으로 무엇이 필요한지에 대해 제대로 답하기란 어렵다. 이 책을 통해 복지 제도로 인권을 지킬 수 있는 방법을 이해하고 이에 대한 각자의 입장을 정리할 수 있기를 바란다.

미래 유망한 분야로 꼽히는 복지 서비스는 실제 사람과 대면하며 소통하는 일이 많고 공감 능력이 중요하기에 로봇이 대체하기 어렵다. 이 책에서는 복지 분야의 기본 개념을 알려주는 것에서 나아가 관련 직업 세계를 소개해 청소년들의 인생 목표와 진로 설계에 조금이나마 도움이 되는 책을 만들고자 했다. 인권의 사각지대에서 어려움에 처한 타인을 돕는 일, 사회문제를 해결하는 일에 관심이 많은 10대에게 큰 도움이 될 것이라 믿는다.

이 책이 사회문제와 복지에 관심이 있는 학생뿐 아니라 우리나라에서 당당한 사회 구성원으로 성장하기를 꿈꾸는 모든 청소년 독자에게 생생한 영감을 줄 수 있기를 바란다. 책을 읽으면서 지식을 얻는 데 만족하지 않고, '당당하고 행복하게 살아가는 개인', '배려하며 함께하는 삶', '국민 모두가 더불어 사는 행복한 세상'에 대해 진지하게 고민해 봤으면 한다. 인권, 사회 정의, 불평등에 대해 알고, 국민의 생활 향상이 목적인 사회보장제도에 관심을 가진다는 것은 결국 조금 더 가치 있는 사회, 꿈이 있는 사회, 품격 있는 사회를 만들기 위해 꼭 필요한 과정이기 때문이다.

차례

1장 의료 복지, 누구나 치료받을 권리가 있다

2장 주거 복지, 집 걱정 없는 세상이 있다면

3장 교육 복지, 평등 사회의 시작

4장 여성 복지, 성평등 사회를 꿈꾸며

1장

의료 복지,
누구나 치료받을
권리가 있다

가난한 사람을 돕는 법은
단순히 음식을 주는 일에 그치지 않고
의료 서비스를 제공하는 방향으로 확대되었다.

복지란 무엇일까?

복지란 무엇일까? 복지는 건강, 넉넉한 생활, 안락한 환경이 어우러져 행복을 누릴 수 있는 상태다. 사회복지학에서는 높은 삶의 질이 보장되는 것을 복지라고 부른다.

국민의 기본적인 생활 수준을 보장하기 위해 국가가 하는 활동을 '사회보장제도'라고 한다. 사회보장제도에 사회 보험과 공공 부조가 있다. 사회 보험은 보험의 방식을 이용해 각종 사회적 위험을 대비할 수 있도록 하는 제

> **사회 보험**
>
> 나이듦, 사망, 질병, 출산, 실업, 은퇴 등 다양한 사회적 위험에 대비해 국가가 보장하는 강제적인 성격의 보험이다. 생활을 유지하기 힘든 상황일 때 소득과 건강을 보장해 준다. 의료 보험, 연금 보험, 실업 보험, 산업 재해 보상 보험으로 나뉜다.

도로, 저렴한 비용으로 병원을 이용할 수 있는 의료 복지는 이 영역에 해당된다. 공공 부조는 생활이 어려운 국민도 인간답게 살 수 있도록 보장하고 자립을 지원하는 제도다.

사회복지 시설의 시작

세계에서 가장 오래된 사회복지 시설은 400년경 인도에 세워진 병원이라고 한다. 당시의 병원은 가난하고 갈 곳 없는 이들에게 머물 곳과 먹을거리를 마련해 주는 시설이었다. 542년 프랑스 리옹에 설립된 '신의 집' 역시 마찬가지다. 이곳은 유럽에 세워진 최초의 사회복지 시설로, 인도의 병원과 비슷한 역할을 했으며 성직자와 자원봉사자가 운영했다. 1084년에는 영국 캔터베리에도 비슷한 시설이 설립되었다.

세계 최초의 아동 복지 시설은 이탈리아 밀라노의 보육원으로, 8세기 말에 처음 등장했다. 보호자가 없는 아이들을 보호하기 위해 설립했고, 목사가 운영을 맡았다.

유럽 최초의 자선 조직은 1625년 프랑스의 뱅상 드 폴 신부가 설립한 선교회라 할 수 있다. 이 선교회의 목적은 가난한 사람들을 보살피는 것이었다. 이 조직이 생긴 이후 유럽의 가톨릭 국가에서는 교회가 가난한 사람을 돕는 책임을 지게 된다.

대규모 사회복지 시설은 17세기 중반 프랑스의 루이 14세가 설립한 오피탈 제네랄hôpital général이 최초다. 오피탈 제네랄을 오늘날 용어로 번역하면 종합 병원이라는 뜻이지만 이곳의 목적은 가난한 사람을 수용하는 것이었다. 진료는 부차적인 요소였다. 시설에 속한 의사는 일주일에 두 번 정도 환자를 돌보는 것이 다였다. 건강하든 약하든 모든 걸인이 이 시설에 들어가야 했다. 또한 입소자 중 문제가 있다고 생각되는 사람을 지하 감옥에 감금하고 고문하고 때리며 가혹하게 처벌했다. 즉, 오피탈 제네랄은 복지 시설이 아니었다. 재판 없이 실업자, 부랑자, 걸인 등을 처벌하는 사실상의 감옥이었다.

가난한 이들에게 의료 서비스를!

현대 사회복지 제도는 그 뿌리를 빈민 구제에 두고 있다고 한다. 가난한 사람을 돕는 일은 매우 오래되었다. 100년경 로마의 고위 귀족들은 모든 로마 시민에게 무료로 곡물을 나누어 주거나 저렴하게 팔았다고 한다. 이는 로마 사회의 전통이 되었다. 313년 콘스탄티누스 황제는 기독교를 공인하고 교회의 재산을 돌려주며 그 돈을 가난한 자들을 돕는 데 사용하도록 권장했다.

오늘날과 같은 사회복지 제도의 출발점은 1601년 영국에서 만들어진 '엘리자베스 빈민법'이라 할 수 있다. 가난한 사람을 도울 책임이 정부에 있음을 최초로 명시한 법이기 때문이다.

가난한 사람을 도와주는 법의 탄생은 단순히 음식을 주는 일에 그치지 않고 의료 서비스를 제공하는 방향으로 확대되었다. 이러한 의료 복지는 1800년대 중반 영국에서 시작했다. 사회복지사들이 결핵, 유아 사망, 성병, 소아마비, 미혼모의 임신과 같은 공중 보건 문제에 관심을 가지게 된 것이다. 이는 가난한 사람이 의료 서비스를 받을 수 있는 활동으로 이어졌다.

영국의 의료 복지에 자극받은 사람이 있었다. 미국의 사회사업가 제인 애덤스다. 그는 시카고의 슬럼가에 미국 최초로 사회사업관 헐 하우스Hull House를 설립했다. 헐 하우스는 성인을 위한 야간 학교, 유치원, 어린이 클럽, 자선 식당, 미술관, 카페, 체육관, 수영장, 음악 학교, 도서관, 작업장 등을 갖춘 대규모 시설이었다. 애덤스는 헐 하우스 안에 최초의 어린이 진료소를 세우고 가난한 아동을 치료하기 시작했다. 1931년 노벨 평화상을 받기도 했다.

19세기 후반에는 자본주의의 부작용으로 빈부 격차가 커졌고, 이러한 시대적 상황을 해결하고자 하는 노력이 많아졌다. 우선 영국에서는 1869년 자선 조직 협회COS, Charity Organization Society가 설립되어 활동을 시작했다. 먼저 설립된 자선 조직 협회에서 활동하던 미국인 목사들은 미국으로 돌아와서 1877년 버펄로에 자선 조직 협회를 결성했다. 미국에서는 자선 조직 협회를 중심으

미국 시카고에 있는 헐 하우스. 제인 애덤스는 이곳에 최초의 어린이 진료소를 개설해 가난한 아동들을 치료했다.

로 지역 사회 차원의 의료 복지가 이루어졌다. 가난한 사람의 질병과 공중 보건의 문제에 관심을 가진 사람들이 병원을 세우거나 기존의 병원과 연계해 가난한 사람들을 치료하는 방식이 많았다. 이후 골든보겐이라는 사람이 입원한 환자의 신원을 확인하고 분류해 도움이 필요한 환자들을 관리하는 시스템을 만들기도 했다.

1905년 미국 매사추세츠병원의 의사 리처드 캐벗이 사회복지사인 가넷 펠턴을 채용하며 본격적인 의료 사회사업을 처음으로 실시했다. 캐벗은 질병의 발생과 회복에 사회적 요인이 영향을 미친다고 생각했고, 환자 인생의 환경에 관심을 가졌다. 또한 환자와 의사, 의사와 지역 사회 자원을 연결하는 일, 환자의 교육을 통해 치료 과정에 협조하게 하는 일이 사회복지사의 중요한 역할이라고 보았다.

존스홉킨스대병원에서도 캐벗의 의견을 받아들여 1907년 대학 병원에 사회복지사를 채용해 가난한 환자를 돕기 시작했고, 1909년 영국의 성 토머스 병원에서도 앨머너Almoner를 사회복지사로 채용하면서 현대적인 의료 복지가 본격적으로 실행되었다.

코로나19가 전 세계로 퍼지면서 사회복지사가 의료 복지를 적극적으로 돕지 못하는 지역의 사람들이 큰 피해를 입었다. 사회복지사와 의사, 환자가 서로 연계되어야 질병의 발생과 치료를 통제할 수 있다는 20세기 초 캐벗의 의견이 맞다는 사실이 21세기에 입증되었다고 할 수 있다.

우리나라에서도 고대부터 여러 가지 제도를 실시해 왔다. 하지만 현대적인 의료 복지는 한국전쟁이 한창이던 시기에 시작했다고 할 수 있다. 1951년 9월 국민의료법이 공표되어 국민의 건강을 보호하고 증진할 국가적 의무가 법으로 제정되었다. 이

> **앨머너**
>
> 앨머너는 영국 예방의학^{다양한 질병이 생기는 원인을 찾아내 장애와 조기 사망을 예방하기 위해 연구하는 학문}에 앞장선 사람들이라고 할 수 있다. 가난한 병자가 무료로 입원할 수 있도록 하면서 거짓 환자를 걸러 내기 위해 입원 심사를 실시했다. 이를 통해 가난한 사람 중 진짜 치료가 필요한 환자가 의료 서비스를 받을 수 있었다. 이와 같은 업무를 맡은 사람을 앨머너라 부르게 되었고, 현재는 의료 사회복지사를 뜻한다.

법을 통해 의료인의 자격을 명확히 하고 전쟁으로 고통받는 국민에 대한 의료 복지에 관심을 가지게 되었다. 한국전쟁이 끝나고 혼란이 수습된 1958년 7월 13일 한노병원에서 결핵 환자와 그 가족을 돕기 시작했다. 1959년 4월에는 국립중앙의료원, 9월에는 원주기독병원^{지금의 원주세브란스기독병원}에서 비슷한 복지가 시작되었다. 국가가 세운 국립중앙의료원과 종교 재단이 세운 원주기독병원에서는 경제적 상황이 좋지 않은 국민도 치료받을 수 있었다. 돈이 없거나 부족한 사람도 치료받을 수 있는 의료 복지 시스템이 비로소 갖춰진 것이다.

건강 보험, 건강한 삶의 필수 요소

오늘날 대부분의 나라에는 국민의 건강한 생활을 보장하기 위한 사회보장제도가 있다. 그중 건강 보험은 없어서는 안 될 중요한 제도다. 건강 보험 덕분에 건강과 관련한 질병, 사고 등에 대한 치료를 안전하게 받을 수 있다. 돈이 부족해도 최소한의 치료를 받도록 지원해 사망 같은 사회적 위험으로부터 보호하고 삶의 질을 향상시켜 준다. 건강 보험 제도는 사회보장제도의 목적이나 운영 방식에 따라 달라지므로 나라마다 다양한 모습을 나타낸다.

유럽에서 아프면 먼저 가는 곳

영국은 모든 의료 서비스를 국가에서 책임진다. 따라서 영국 사람들은 따로 건강 보험료를 내지 않는다. 모든 의료비는 일반 세금에 포함되어 있다. 설령 치료에 수천만 원이 든다고 할지라도 국민은 별도의 의료비를 내지 않는다. 이런 일이 어떻게 가능할까?

영국 의료 체계에서 가장 특이한 것은 GPGeneral Practitioner라는 제도다. 우리말로 번역하면 주치의, 동네 의원이다. 모든 환자는 GP를 거친 뒤에야 상급 병원으로 갈 수 있다. 전체 환자의 90퍼센트가 이 GP에서 걸러져 상급 병원에 가게 되는 환자는 고작 10퍼센트다. 모든 의료 서비스를 국가에서 책임질 수 있는 것은 이 시스템을 통해 의료 재정을 절약하기 때문이다.

물론 이러한 의료 체계에도 부족한 부분이 있다. 코로나19가 처음 퍼졌을 때 유럽에서는 이탈리아에서 가장 많은 확진자가 나왔다. 그러나 이탈리아보다 영국의 사망자가 더 많았는데, 이는 GP에서 환자를 분류해 상급 병원으로 보내는 과정에서 시간이 걸렸기 때문이다. 응급 환자의 목숨을 살릴 수 있는 이른바 '골든 타임'을 놓친 것이다.

이러한 시스템은 환자에게도 불편할 수 있다. 진료 대기 시간이 의외로 길기 때문이다. 물론 예약 시스템이기 때문에 병원에 가서 무작정 기다리지는 않는다. 하지만 빠른 한국 의료 서비스에 익숙해져 있다면 영국 의료 서비스의 품질이 떨어진다고 느낄 수도 있다.

그 외에 한국과 유럽 국가의 의료 체계에 다른 점이 있을까? 영국의 병실도 1인실, 2인실, 4인실 등으로 나뉘어 있다. 그러나

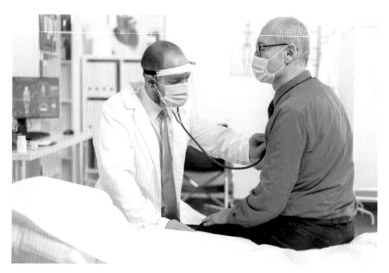

영국에서는 GP라고 불리는 동네 의원이 전체 환자의 90퍼센트 이상을 진료한다.

어떤 환자가 1인실을, 어떤 환자가 4인실을 쓰는지에 대한 기준은 없다. 오로지 병원 마음대로다. 독일, 프랑스, 스위스에서도 '병원 마음대로' 진료는 공통적인 현상이다. 이 말은 환자들이 의사와 병원을 믿기 때문에 병원에서 자율적으로 처방할 수 있다는 이야기이기도 하다.

독일에서는 아프다고 무작정 병원을 찾는 행동을 오히려 이상하게 여긴다. 따라서 병원에 가면 줄 서서 기다리는 환자를 보기 어렵다. 하지만 한국에서는 조금만 아파도 큰 병원부터 찾는 사람이 많다. 동네 의원은 환자가 없어 고민이지만, 큰 대학 병원은 환자가 너무 많아서 제대로 된 진료를 받기 힘든 현실이다. 경제적으로 조금 여유가 있다면 일단 입원한 뒤 퇴원하지 않으려는 경향도 있다. 그러나 유럽 사람들은 가급적 집에서 요양하는 편이다. 치료가 필요할 때는 언제든지 예약만 하면 비용 부담 없이 치료받을 수 있기 때문이다.

유럽 국가들은 대부분 본인 부담 상한제를 시행하고 있다. 환자가 부담하는 병원비의 최대 한도를 정해 놓는 것이다. 독일에서는 병원비가 환자가 버는 연간 소득의 2퍼센트를 넘을 경우 나머지는 정부가 부담한다. 프랑스에서는 외래 진료의 진료비와 약값을 합해 연간 약 15만 원을 넘으면 정부가 다 내고, 한 달 이상 입원할 경우에는 전액을 대신 낸다. 수술 같은 치료비도 약 13만 원을 넘으면 정부에서 부담한다. 앞에서 언급한 대로 영국에서는 외래 진료나 입원비가 전액 무료다. 거의 모든 병원이 나라에 속했기 때문이다. 스웨덴에서는 연간 진료비와 약값을 포함해 약 45만 원을 넘으면 국가가 부담한다.

게다가 유럽에서는 치료를 받느라 일하지 못하는 동안 임금의 70~80퍼센트를 보장해 준다. 이를 '상병 수당'이라 하는데, 건강 보험 가입자가 다치거나 앓게 되어 치료받는 동안 생기는 소득 손실에 대해 보상하는 돈이다. 경제협력개발기구OECD, Organization for Economic Cooperation and Development 회원 중에서 상병 수당 제도가 없는 나라는 우리나라가 유일하다. 우리나라에도 큰 병에 걸리더라도 인간다운 생활을 할 수 있도록 돕는 제도가 필요하다.

건강 보험에도 종류가 있다

건강 보험에는 이념에 따라 분류한 국가 보건 서비스 방식과 의료 보험 방식이 있다. 하지만 건강 보험 운영과 관리에 필요한 돈을 어떻게 마련하는지에 따라 나눌 수도 있다. 국가나 지방 자치 단체가 세금을 걷어 운영하는 공적 건강 보험과 보험 회사와 같은 민간 기업이 운영하는 보험이 있다. 공적 건강 보험은 다시 사회 보험 방식과 조세 방식으로 분류할 수 있다. 두 방식이 어떻게 다를까?

먼저 사회 보험 방식을 알아보자. 앞서 설명한 의료 보험 방식을 채택한 국가들이 대부분 사회 보험 방식을 적용한다. 하지만 같은 의료 보험 방식을 채택했다고 해서 재원 조달 방식까지 같지는 않다.

사회 보험 방식을 채택한 국가에 사는 국민들은 강제적으로 보험에 가입해야 한다. 국민들이 낸 보험료를 바탕으로 보험 급여를 지급하기 때문이다. 대표적으로 우리나라와 일본, 프랑스 등에서는 모든 국민이 강제적으로 공적 건강 보험에 가입해야 한다. 이를 '국민개보험' 방식이라 부른다.

반면 미국에서는 65세 이상 고령자와 장애인 등만이 공적 건강 보험의 가입 대상이다. 독일에서는 소득이 높은 일부 국민이나 자영업자를 제외한 국민을 대상으로 삼는다. 이와 같이 일부 국민에 한해 공적 건강 보험 제도를 운영하는 나라도 있다. 또한 네덜란드처럼 공적 보험과 민영 보험 중에서 선택해 가입하도록 선택권을 주는 경우도 있다. 건강 보험 제도는 국가의 사정에 따라 다양한 형태로 운영된다.

조세 방식은 앞서 설명한 국가 보건 서비스 방식을 채택한 영국과 북유럽의 대표 복지 국가가난한 사람이나 노동자 같은 특정 집단뿐만 아니라 국민 전체에 복지를 제공하는 일을 가장 중요한 사명으로 삼는 나라인 스웨덴이 채택한 방식이다. 전 국민에게 의료 서비스를 제공하는 것이 원칙이다. 의료비의 거의 전부가 국민이 납부한 세금으로 이루어지며 국가가 책임지고 의료 서비스를 제공하기 때문에 모두가 동등하게 혜택을 누릴 수 있다.

	영국	미국	한국
제도 유형	국민 보건 서비스 (보편적 의료)	공적 건강 보험 + 민간 건강 보험	공적 건강 보험 (국민개보험)
장점	진료비를 거의 내지 않음 (보장성 강화)	의료 기관을 이용하지 않는 사람은 보험료 부 담 없음	- 감기처럼 가벼운 질 병도 보장받음 - 다른 나라에 비해 의 사 진료가 쉬움
단점	- 진료 대기 시간이 김 - 세금이 높음 - 진료 시간 외에는 진 료받지 못함	- 의료 기관 이용 시 고 액의 진료비 청구 - 빈부 격차 심함 - 비싼 보험에 들지 않으 면 실제 보장받을 수 있는 질병이 많지 않음 - 보험 회사의 승인이 있 어야 진료 가능	- 희귀 난치 질환자들 의 보장성이 약함 - 의료 기관을 방문하 는 환자가 지나치게 많아 의사의 노동 부 담이 심함
기타	의사가 공무원임	공무원, 군인, 극빈자는 국가가 보장	

영국, 미국, 한국의 의료 보험 제도 비교

영국에서는 대부분의 병원을 국가가 소유함으로써 의료의 사회주의화국가 주도로 평등하게 의료 서비스를 분배를 추구했고, 스웨덴의 경우는 제2차 세계대전 후 '의료공영제'를

> **의료공영제**
>
> 국민 보건 서비스를 채택한 나라에서 운영하는 방식으로, 국가가 직접 병원이나 의료 서비스를 제공하는 국가 주도형 의료 제공 시스템을 말한다. 이때 필요한 의료비는 국가의 일반 세금으로 채운다.

실시하고 지방 자치 단체별로 비용을 마련해 전 국민을 대상으로 의료 보장 서비스를 제공한다.

우리나라 병원비는 저렴한 편일까?

코로나19가 전 세계적으로 유행한 2020년, 우리나라에서는 코로나19 검사를 받는 사람이 많았다. 그러나 다른 나라에서는 코로나19 검사를 받지 않고 망설이는 경우가 많았다. 왜 그랬을까? 검사 비용 때문이다. 대표적으로 미국에서는 코로나19 검사를 받으려면 약 400만 원이나 내야 했다. 반면 우리나라에서는 코로나19가 의심된다면 무료로 검사받을 수 있었다. 어떻게 검사비가 공짜일 수 있을까? 한국에서는 국가나 공공 기관이 공동으로 병원비를 부담한다. 그래서 개인이 낼 병원비를 낮추기 때문이다.

코로나19 검사뿐만이 아니다. 우리나라 사람들은 몸이 안 좋을 때 부담 없이 병원에 가서 진료를 받는다. 수술을 받거나 오랜 기간 입원하는 경우가 아니라면 개인이 부담하는 병원비는 많지 않다. 그렇다면 우리나라 병원비가 전 세계에서 가장 저렴하다고 말할 수 있을까? 지금부터 살펴보자.

민간 보험 중심인 미국의 사정

어느날 미국 뉴스에서 슬픈 소식이 보도되었다. 남편의 암을 치료하는 데 드는 병원비를 감당할 수 없어, 교사직을 그만둘 수밖에 없었다는 사연이었다. 어떻게 된 일일까?

국가가 주도하는 한국의 의료 보험과 달리 미국에서는 민간 의료 보험이 중심이다. 국가가 지원하는 공보험이라는 개념이 없다. 정부가 제공하는 의료 보험은 국민의 25퍼센트 정도만 누릴 수 있다. 이 중에서 12퍼센트는 군인, 25퍼센트는 시민권이 있는 극빈층, 나머지는 20년간 사회보장세를 낸 65세 이상의 노인이다. 따라서 전체 인구의 75퍼센트는 민간 의료 보험을 이용해야 한다.

민간 보험은 국가에서 운영하는 보험과 다르다. 소득이 많고 건강하면 보험료가 낮아지고, 소득이 적고 건강하지 않으면 보험료가 올라간다. 소득이 많으면 평소 건강 관리가 잘될 가능성이 높고, 건강한 사람은 아플 확률이 상대적으로 적기 때문에 역시 보험료가 낮게 책정된다는 뜻이다. 반대로 평소 소득이 낮은 경우 건강 관리가 잘되지 않을 가능성이 높고, 병약하면 아플 확률이 높기 때문에 보험료가 높게 책정된다는 것이다.

그러다 보니 미국에서 민간 보험에 가입하기는 쉽지 않다. 앞의 사례에서 민간 보험에 가입하지 못한 교사는 메디케이드 Medicaid. 65세 미만의 저소득층과 장애인에게 제공하는 미국의 국민 의료 보조 제도에 가입하기 위해 일을 그만둔 것이다.

나라마다 의료 보험에 관해 다른 체제를 가지고 있다. 어느 쪽이 더 좋다고 말하기는 어렵다. 건강 보험 제도는 각 나라의 사회적·문화적·경제적·정치적 상황에 따라 서로 다른 형태로 발전했기 때문이다. 예를 들어, 아르헨티나는 인기 영합주의인기로 권력을 유지하려는 정치적 태도나 경향. 포퓰리즘이라고도 한다를 추구하는 정치 상황에 따라 건강 보험 제도의 혜택이 커졌다. 그러나 건강 보험의 혜택이 너무 커져 국가의 살림살이가 어려워지기도 했다.

미국에서는 의료 사각지대에 놓인 사람이 2,000만 명 이상 된다. 이 중 유색 인종이 압도적으로 많다고 한다. 미국의 버락 오바마 대통령은 이 문제를 해결하고자 '오바마 케어'라 불리는 의료 보험 시스템 개혁 법안을 내놓기도 했다. 이는 무보험자 비율을 대폭 낮추는 효과를 가져왔지만, 장점만큼 단점도 많아 대통령이 바뀐 뒤 유지되지 못했다.

미국에서 수입이 적은 사람들은 보험료 절약을 위해 보험에 가입하지 않는 경우가 많다. 그러다 큰 병이 생기면 하는 수 없이 병원에 가서 치료를 받는다. 이때 보험이 없다면 큰 재산을 잃게 된다. 재산이 조금이라도 있는 사람은 약간의 지원도 받을 수 없

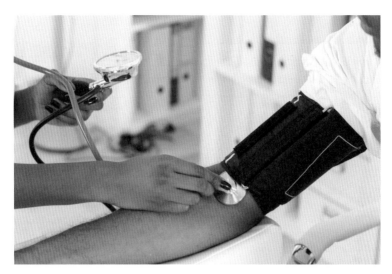

미국에서는 의료 사각지대에 놓인 사람이 2,000만 명 이상 된다. 이 중 유색 인종이 압도적으로 많다.

NAPH

1980년에 설립되었다. 공공 의료와 사회 안전망 확보를 위해 활발한 권익 옹호 활동을 벌이고 있다. 이 단체는 미국 내 취약 계층을 위한 최소한의 의료 복지를 실행하는 셈이다.

기 때문이다.

그러나 미국에 가난한 국민을 돕는 의료 서비스가 아예 없는 것은 아니다. 재산이 없고 도움이 필요한 사람들에게는 나라에서 건강 보험을 지원한다. 무상 진료의 규모는 전체 병원 진료비의 5.5퍼센트를 차지하고 있으며, 그중 NAPH전국 공공 병원 협의회, National Association of Public Hospitals and Health Services 소속 병원이 맡고 있는 비중은 20퍼센트 정도에 이른다. 시장 중심의 의료 보험 제도에 희생된 서민과 빈곤층의 최후 보루나 다름없다.

예를 들어 이미 80대가 넘은 한국전쟁과 제2차 세계대전 참전 용사 중에서 저소득자와 일부 중산층은 병원을 자유롭게 이용하고 있다. 또한 약 370만 명의 아메리칸 인디언과 알래스카 원주민 일부에게 의료 서비스를 제공하는 부서도 따로 있다. 그리고 빈곤자와 무주택자인 국민들을 대상으로 급성 및 만성 질환자, 정신 장애인, 마약 및 알코올 의존자, 무의탁 노인 등 무보험자들을 수용하는 병원과 시설도 있다. 기본적으로 국가에서 소외층과 무보험자 건강에 관심을 보인다고 할 수 있다. 그러나 이들 병원과 의료 시설의 수가 차츰 줄고 있기 때문에 미국에서도 전 국민이 보험에 가입하는 국민개보험 제도가 필요해 보인다.

우리나라의 코로나 19 검사비가 저렴한 이유는 국가나 공공기관이 병원비를 공동으로 부담하기 때문이다.

감기에 걸려서 동네 병원을 찾았다고 생각해 보자. 2020년 기준으로 평균 진료비는 1만 5,730원인데 환자가 내는 돈은 4,719원밖에 되지 않는다. 나머지 금액인 1만 1,011원은 국민 건강 보험 공단에서 대신 낸다. 그런데 이용하는 병원에 따라 환자가 내는 돈이 달라진다. 동네 병원보다는 종합 병원이, 종합 병원보다는 대학 병원이 비싸다. 왜 같은 질병 치료에도 차이가 나는 걸까? 큰 병원에서 위급한 환자를 돌보기 위해서다. 즉, 치료가 어렵거나 급한 환자는 큰 병원에서 치료받고, 가벼운 질병의 환자는 동네 병원에 가도록 권하는 시스템이다.

우리나라는 어떻게 이러한 제도를 채택하게 되었을까? 우리나라 건강 보험 제도의 역사를 살펴보면 알 수 있다.

우리나라에서 건강 보험 제도가 처음 시작된 것은 1963년 박정희 정권 때다. 역설적이게도 군부 독재군사 세력이 국가 권력을 도맡아서 강압적으로 다스리는 일라는 정치 상황이 건강 보험 제도를 앞당겨 시행하는 계기가 되었다. 독재 상황 때문에 의료비가 가파르게 오르자 국민들의 불만이 커졌기 때문이다. 주요 의료 기관에서 돈이 없는 환자의 진료를 거부해 생명을 잃는 사람이 잇따라 나오기도 했다.

이에 정부는 의료보험법을 전격적으로 시행했다. 갑자기 보험료를 내면 부담스러울 수 있으니 국민이 내는 보험료는 최소한으로 정했다. 대신 보험 혜택도 자주 찾는 가벼운 질환 위주로 적용되었다.

1977년 500명 이상이 근무하는 대기업에 적용하는 직장 의료 보험 제도가 시작되었다. 이후 1979년 1월에는 공무원과 사립 학교 교직원을 포함했고, 1988년 1월부터 지역 조합을 통해 농어촌 주민들이 의료 보험에 가입했다. 1988년 7월에는 5인 이상 근무하는 사업장까지 직장 의료 보험이 적용되었고, 1989년 7월 마침내 전 국민이 가입하는 의료 보험 제도가 완성되었다.

1998년에는 227개 지역 의료 보험 조합과 공교 의료 보험 관리 공단을 통합해 국민 의료 보험 관리 공단을 설립하고, 직장 의료 보험 조합을 140개로 통합했다. 이후 2000년 국민 의료 보험과 직장 의료 보험을 통합한 국민 건강 보험이 만들어져 현재에 이르고 있다.

건강 보험이 적용되지 않는 항목이 있다고?

우리나라는 경제협력개발기구 회원국 평균보다 의료비가 적다. 하지만 2000년 이후 의료비가 아주 빠르게 늘고 있다. 왜 그럴까? 여기에는 1인당 국민소득과 65세 이상 인구의 비중, 의료비 재정 구조 등이 영향을 미친다. 앞에서 이미 언급했지만, 한국의 경우 건강 보험 방식을 채택하고 있고, 건강 보험에 적용되는 영역이 확대되면 정부의 부담이 늘어난다. 이렇게 되면 결국 국민의 세금 부담도 커지기 때문에 문제다.

우리나라 건강 보험은 대부분의 국민이 가입단, 의료 급여 수급자는 제외하고 있는 국민개보험 형태의 사회보장제도로서, 진료비 부담을 줄이는 것이 목적이다. 피보험자계약에 따라 손해의 보상을 받을 수 있는 사람인 국민이 보험료를 내면, 보험자보험금을 지급할 의무를 지고 보험료를 받는 사람인 국민 건강 보험 공단이 이를 관리·운영한다.

필요할 때 의료 비용의 일정 비율을 보험 급여로 지급해 보편적 의료 보장이 이루어질 수 있도록 한다. 그러나 모든 의료비가 나오지는 않는다. 건강 보험 지급이 급여국민 건강 보험이 적용되는 금액와 비급여보험이 적용되지 않는 금액로 구분되기 때문이다. 문제는 비급여 항목이다. 만약 급여 항목에 해당하는 질병을 앓는다면 환자가 내야 하는 의료비는 아주 적은 편이다. 하지만 만약 백혈병과 같이 비급여 항목에 해당하는 질병을 앓을 경우 국민이 내는 의료비는 결코 저렴하지 않다. 그런데 갈수록 비급여 질병의 의료비 부담이 늘어나고 있다. 공보험에서 처리하는 비중이 약 55퍼센트, 건강 보험에서 비급여로 처리되어 개인이 부담하는 비중이 약 45퍼센트다.

급여와 비급여

급여란 국민 건강 보험 공단에서 관리하며 건강 보험 혜택을 받을 수 있는 항목을 말한다. 국민 건강 보험료는 이 급여 항목에 사용된다.

비급여는 건강 보험 혜택이 적용되지 않는 항목이다. 즉, 개인이 치료비를 전부 부담해야 한다. 또한 의료 기관이 자체적으로 금액을 정해 병원마다 금액이 다르다. 건강보험심사평가원www.hira.or.kr 홈페이지에서 비급여의 종류와 금액을 확인할 수 있다.

진로 찾기 **사회복지사**

국가는 국민에게 최소한의 인간다운 삶을 보장할 의무가 있다. 이러한 국가의 의무를 실제 현장에서 행하는 이들이 바로 사회 복지사다. 사회복지사는 노인, 아동, 청소년, 장애인 등 사회 곳 곳에서 어려움에 처한 이들을 직접 만나 실질적인 서비스를 제 공한다. 취약 계층의 생활 환경을 직접 점검할 뿐만 아니라 복지 정책을 개발하고 행정 업무를 처리하기도 한다. 주로 공공 기관, 민간 사회복지 기관, 대기업이나 병원의 사회 공헌팀 등에 소속 되어 활동한다.

　사회복지사는 사람을 대하는 직업으로, 대표적인 감정 노동 종사자다. 더욱이 취약 계층은 무기력증이나 고독감, 우울증, 소 외감에 시달리는 경우가 많다. 따라서 사회복지사가 되려면 이들의 고통에 깊이 공감하고 소통하는 능력과 봉사 정신이 매우 중요하다. 자신의 마음도 잘 돌볼 수 있어야 한다. 또한 국내의 여러 복지 제도와 서비스에 대해 잘 알아서 어떤 지원이 필요한지 적절하게 판단할 수 있어야 한다.

시대의 흐름에 따라 사회복지 현장도 변화하고 있다. 과학과 정보 통신 기술이 발달하면서 '디지털 불평등'이라는 새로운 사회 문제가 생겼다. 노인, 농촌 주민, 저소득자 등의 일부 취약 계층은 온라인 콘텐츠나 플랫폼을 이용하는 지식도 부족할뿐더러 인터넷 자체를 아예 쓰기 힘든 환경에 놓여 있기도 하다. 이에 따라 사회복지사에게 필요한 역량이 늘어나고 있다. 일대일 코칭, 온라인 교육 프로그램 등으로 정보 격차를 해소하기 위한 다양한 활동을 개발하고 지원할 수 있어야 한다.

사회복지사가 되려면 한국사회복지사협회에서 발급하는 사회복지사 자격증이 필요하다. 자격증은 1~3급이 있으며, 사회복지직 공무원이 되려면 2급 이상의 자격증이 있어야 한다. 2급 자격증은 대학원, 대학, 전문대학, 학점은행제 등에서 정해진 과목을 이수한 뒤에 취득할 수 있다. 1급 자격증은 대학교에서 사회복지학이나 사회사업학을 전공하고 국가시험에 합격해야 딸 수 있다.

2장

주거 복지,
집 걱정 없는
세상이 있다면

우리나라 주거 복지 정책의 목표는 3가지다.
주거 안정성을 확보하고, 주거의 질을 높이며,
주거비 부담을 줄이는 일이다.

살아가기 위해 꼭 필요한 집

사람이 살아가기 위해서는 의식주가 꼭 필요하다. 우리 헌법 제 34조 제1항에서는 "모든 국민은 인간다운 생활을 할 권리를 가진 다"라고 말한다. 또한 이 권리를 구체적으로 실현하기 위해서 국가의 사회 정책이 제도화되어야 한다고 제시하고 있다. 먹고, 입고, 잠잘 수 있는 곳이 반드시 필요하다는 뜻이다.

우리나라는 압축적인 경제 성장의 시기를 보냈고, 이제는 삶의 질에 대해 근본적으로 고심해야 하는 단계다. 옷을 입고 먹는 문제는 완벽히는 아니지만 많이 해결되었다. 의식주 중에서 현재 가장 해결이 어려운 문제는 바로 주, 즉 살아갈 곳이다. 주거의 문제는 아직 갈 길이 멀다.

요즘 청년들은 내 집 마련에 걱정이 많다. 취업하기도 힘든 시

주거 복지는 인간다운 삶을 완성하기 위해 꼭 필요한 정책이다.

기에 집을 장만하려면 비용이 만만치 않기 때문이다. 그래서 결혼을 미루는 사람도 많아지고 있다. 2021년 4월 통계청이 발표한 조사 결과에 따르면 결혼 5년 후 내 집 마련에 성공한 부부는 10쌍 중 6쌍이다. 이에 따라 정부도 여러 대안을 마련하고 있는데, 그중 공공 주택과 관련된 정책이 대표적이다.

공공 주택은 공공 기관국가, 지방 자치 단체, 토지 주택 공사 등이 국민 주택 기금 등의 지원을 받아 전용 면적 25.7평 이하로 건설해 5년 이상 빌려주는 모든 주택을 말한다. 대표적으로 영구 임대 주택, 국민 임대 주택, 50년 임대 주택, 5년 임대 공공 주택 등이 있다. 공공 주택은 정부가 주도적으로 공급하기 때문에 민간 주택보다 임대료가 저렴하다.

현재 우리나라 주거 복지 정책에서는 3가지를 목표로 삼는다. 주거 안정성을 확보하고, 주거의 질을 높이며, 주거비 부담을 줄이는 일이다. 이를 위해 공공 임대 주

> **주거 복지**
>
> 국민 모두가 부담 가능한 비용으로, 일정 수준 이상의 주거 환경을 누릴 수 있도록 지원하는 것을 의미한다. '쾌적하고 안정적인 주거 환경에서 인간다운 주거 생활을 할 권리'의 실현이 목표다.

택 정책은 꾸준히 발전하고 있지만, 공급과 배분의 불균형을 조절하는 문제는 여전히 숙제로 남아 있다. 이런 관점에서 주거 복지 정책은 극복해야 할 정책적·경제적·사회적 문제인 동시에 우리에게 주어진 과제이기도 하다.

주택이란 무엇일까?

주택이 무엇인지 생각해 보자. 우선, 주택은 구체적인 형태를 가지고 있다. 머무는 사람이 몸을 피하고 쉴 수 있는 건물 자체를 의미한다. 가장 기본적인 사회적 단위이기도 하다. 이 말은 상하수도, 전기, 도로, 학교, 복지 시설 등 사회적 서비스가 주택 단위로 공급된다는 뜻이다. 주택은 물리적 속성을 지녔기에 관리가 필요하며, 이를 위한 인프라_{생활을 유지하도록 하는 기초적인 시설}가 적절하게 공급되어야 한다.

주택의 두 번째 특성은 오랫동안 이용할 수 있다는 점이다. 단독 주택은 평균 10개월, 아파트는 평균 16개월의 건설 기간이 든다. 또한 주택이 제 역할을 하기 위해서는 건축 허가_{건축물을 세우거나 고칠 때 법적으로 문제가 없도록 받는 허가}부터 공사를 마칠 때까지 다양한 과정을 거치게 된다. 이렇게 긴 과정을 거쳐 만들어지는 만큼 사용할 수 있는 기간이 매우 길다. 시멘트로 만든 건물의 경우 최소 40~50년은 쓸 수 있으며 서구에는 100년이 넘게 사용되는 주택도 많다.

셋째, 주택은 외부 환경과 분리해서 생각할 수 없다. 주택의 가치는 인구 증가나 감소, 인구 이동, 공공시설 이용의 편의성, 사람들의 가치관 변화 등 다양한 환경에 크게 영향을 받는다. 주택은 한번 자리 잡으면 이동이 거의 불가능하다._{이동식 주택이 있지만 극히 일부다} 그래서 주택 가격은 토지 가격과 함께 움직이며 주택이 속한 지역 사회의 환경에 의해 선호도가 달라지기도 한다.

넷째, 주택은 국민 경제^{한 나}라 안에서 이루어지는 경제 활동 전체^의 일부분으로, 사회재 또는 집합재라고 할 수 있다. 주택은 보건 위생, 교육, 식품과 같

사회재

사회 구성원 모두에게 공평하게 배분되어야 하는 재화를 말한다. 아무리 개인 재산이라고 하더라도 주택은 나라에서 공급하는 전기, 상하수도, 도로 건설, 치안 유지 등의 국가 재정이 들어가는 사회재다.

이 국민 누구에게나 필요하다. 그래서 대부분의 나라에서는 사회 취약 계층에 공공 주택을 공급하거나 주거비를 지원하는 정책을 펼친다. 따라서 주택의 사정을 보면 그 나라의 경제력을 가늠할 수도 있다.

마지막으로 주택은 거래할 수 있으며 투자의 대상이 되기도 한다. 주택은 일반 가구의 평균 소득에 비해 비싼 상품이라고 할 수 있다. 그만큼 쉽게 사고팔 수 없지만 그 점을 이용해 투자하는 사람들도 있다. 많은 자본주의 국가에서는 가능한 한 많은 국민 이 자기 집을 가질 수 있도록 지원하는 정책을 펴기도 한다.

이렇게 다양한 속성을 지녔기 때문에 주택은 어떤 상품보다도 정부의 규제나 간섭을 많이 받는다고 할 수 있다. 따라서 주택 관련 정책은 선거에서 중요한 승패의 기준이 되고 정부나 대통령 지지도에도 즉각적인 영향을 미친다.

하늘 높은 줄 모르고 치솟는 집값

주거 문제는 그 나라의 경제 발전 수준, 정치 제도, 사회 문화적 특성에 따라 달리 나타난다. 선진국의 대부분은 인구 1,000명당 주택의 수가 평균 400호 이상이라고 한다. 즉, 가구 수에 비해 주택 수가 많다. 우리나라의 인구 1,000명당 주택 수는 2019년 411.6호로 2010년 296.7호였던 2010년보다 114.9호가 늘었지만 여전히 부족한 실정이다.

한편 집값은 하늘 높은 줄 모르고 치솟고 있다. 2020년 하반기 서울에 있는 평균 아파트의 평균 매매 가격은 10억 원을 넘어섰다. 일반 서민은 집을 사기가 더욱 어려워진 상황이다. 근로자가 연봉, 즉 1년 동안 버는 돈을 한 푼도 쓰지 않고 모아서 서울에 있는 아파트를 사려면 2020년 기준 26.5년이 걸린다고 한다. 2017년에는 16년이었으니 3년 만에 거의 10년이 늘어난 셈이다. 3년 동안 서울 아파트 평균값이 4억 원 넘게 늘어났기 때문이다. 비율로 따져 보면 69.3퍼센트 급상승했다. 안타깝게도 앞으로의 주택 시장은 매우 불안한 모습을 보일 가능성이 높아 보인다.

열악한 환경에 놓인 사람들

폭염이나 한파에 관한 뉴스가 나오면 늘 등장하는 지역이 있다. 바로 대한민국의 수도인 서울 한복판, 영등포의 쪽방촌이다. 쪽방촌이 무엇일까? 어떻게 이러한 곳이 생기게 되었을까?

구분	한국	미국	영국	일본
1,000명당 주택 수	411.6	452.8	459.1	496.5

출처: Census Bureau(미국), Office of National Statistics(영국), Statistics Bureau(일본), 국토교통부, 2019년 인구주택총조사 전수집계결과(한국)

주요 국가의 인구 1,000명당 주택 수

쪽방은 대부분 크기가 6.6㎡ 약 1.9평 이내다. 대개 부엌·화장실 등이 제대로 갖춰지지 않은 곳이다. 영등포 쪽방촌의 주민들은 한 달 평균 22만 원의 임대료를 내고 좁은 쪽방에서 살아가고 있다.

영등포 쪽방촌의 역사는 50년 전으로 거슬러 올라간다. 1970년대 급속한 도시화와 산업화를 겪으며 많은 사람이 빈곤층이 되었다. 이들이 영등포 인근에 있는 여인숙에 대거 몰리면서 이곳은 건물을 고치거나 새로 짓기 힘든 주거지가 되었다. 열악한 주거 환경 탓에 쪽방촌 주민들은 화재나 범죄 등의 위험에 늘 노출되어 있다. 알코올 의존증이나 우울증 같은 질병으로 인한 자살이나 고독사도 꾸준히 생긴다.

이에 2020년 1월, 정부는 쪽방촌에 대한 대책을 내놓았다. 영등포 쪽방촌을 철거하고 이 일대에 공공 임대 주택과 주상 복합 아파트를 건설하겠다는 계획이다. 사업 구역은 2개 블록으로 나뉘며 그중 1개 블록에는 기존 쪽방 주민을 위한 영구 임대 주택 370채와 청년들을 위한 행복주택 220채를 짓는다고 한다.

영구 임대 주택은 기존 쪽방보다 2~3배 넓다. 게다가 월세도 현재 쪽방보다 저렴하다. 보증금 161만 원에 월세 3만 2,000원이면 영구 임대 주택에서 살 수 있다. 또한 영구 임대 주택 단지에는 주민의 자활·취업을 지원하는 복지 센터와 무료 급식소, 의원 등 돌봄 시설도 함께 들어설 예정이다. 2023년에 입주할 수 있도록 하는 것이 정부의 목표다.

그러나 당장 먹고사는 게 빠듯한 쪽방촌 주민들에게는 161만 원이라는 보증금도 부담스럽다. 주민들은 보증금을 마련하지 못하면 갈 곳을 잃게 될까 봐 걱정하고 있다. 조금 더 현실적인 대책이 필요하다.

모든 집이 국가의 소유라면

우리나라 정부에서 내놓은 다양한 부동산 정책이 실패할 때면 싱가포르를 벤치마킹^{어떤 분야에서 우수한 상대를 대상으로 삼고 비교하고 분석해 장점을 배우고 활용하는 일}하자는 이야기가 나온다. 싱가포르는 동남아시아에 있는 나라로, 서울시보다 조금 크다. 세계에서 세 번째로 인구 밀도가 높은 나라기도 하다.^{참고로 우리나라의 인구 밀도는 28위다} 그렇다면 우리나라에서 싱가포르에 주목하는 이유는 무엇일까?

국토교통부가 2019년 조사한 내용에 따르면 우리나라에서는 61퍼센트의 사람들이 자기 집을 갖고 있다. 그런데 싱가포르에서는 2018년 기준 국민 90퍼센트가 자기 집을 갖고 있다고 한다. 우리나라보다 인구 밀도가 훨씬 높은데도 주택 보급률^{한 나라의 주택 공급을 알 수 있는 척도로, 가구 수에 대한 주택 수의 비율을 말한다}이 더 높은 것이다. 싱가포르는 어떻게 집값을 안정시키고 주택 보급률을 높였을까? 지금부터 그 비결을 찾아보자.

온 국민에게 집이 있는 나라

모든 국민이 자신의 집을 가질 수 있는 나라 만들기. 이는 오랫동안 싱가포르 주거 정책의 핵심이었다. 싱가포르 정부에서는 누구나 살 수 있는 가격의 집을 제공하는 것을 우선순위로 삼았다. 이를 위해 1966년 토지수용법Land Acquisition Act을 제정했고, 이 법률에 따라 개인의 땅을 사들여 나라의 땅으로 바꾸는 작업을 해왔다. 지금은 싱가포르 토지의 80퍼센트 이상이 국가 소유다. 그 덕에 국민들에게 저렴한 가격에 제공할 주택을 마련할 수 있었다.

1968년에는 연금 저축 제도인 중앙연금기금CPF, Central Provident Fund을 도입했다. 중앙연금기금은 한국의 국민연금과 비슷하다고 생각하면 이해하기 쉽다. 그러나 나이가 든 후에 연금을 받는 우리나라의 국민연금과는 조금 다르다. 싱가포르 중앙연금기금은 싱가포르 거주민의 노후 대비를 위한 종합 사회 안전

> **중앙연금기금**
>
> 싱가포르의 기본적인 사회보장제도로서 국민 각자의 저축을 통해 주택 구입, 의료비 지출, 노후 생활 등을 대비하도록 돕는다. 임금을 받는 모든 근로자가 의무적으로 가입해야 한다는 점에서 우리나라의 국민연금과 비슷하다. 중앙연금기금은 주택 구입비, 의료비, 교육비 등에 활용할 수 있어 장기 저축의 성격을 띤다.

망이다. 처음 목적은 은퇴 후 안정적인 삶을 살도록 지원하는 것이었으나 생애 주기에 맞춰 연금을 활용할 수 있도록 확대했다. 이제는 자가 주택 구입 지원과 의료, 교육 등에 사용할 수 있다. 주택을 살 때 연금을 꺼내 한번에 낼 수도 있고 매달 주택 자금 대출금을 갚는 용도로도 쓸 수 있다.

한 가지 더 눈여겨볼 점은 주택 관련 세금이다. 싱가포르에서는 3년 이상 가지고 있던 주택을 팔 때, 양도세^{땅, 집, 건물을 팔고 얻은 소득에 부과하는 세금}를 내지 않는다. 주택을 몇 채 갖고 있는지와 상관없다. 증여세^{무상으로 받은 재산에 대해 납부하는 세금}도 없다.

대신 집을 빨리 팔수록 세금을 많이 내는 제도를 만들었다. 투기를 막기 위해서다. 주택을 사고 나서 1년 안에 팔면 주택 가격의 12퍼센트, 1년 이상 2년 이내면 8퍼센트, 2년 이상 3년 이내면 4퍼센트를 세금으로 물리는 식이다. 이때 주택을 여러 채 가진 사람은 더 많은 세금을 내야 한다.

국민 대부분이 사는 공공 주택

싱가포르 주택 시장은 기본적으로 공공 시장과 민간 시장으로 구분한다. 공공 시장에는 강력한 규제가 작동하는 반면 민간 시장은 시장 자율에 맡긴다. 민간 시장은 다시 단독 주택과 집합 주택^{콘도미니엄이라 불리며, 우리나라의 아파트와 비슷함}으로 나뉜다. 비율은 9 대 1 정도다.

싱가포르 국민은 대부분 공공 주택에 산다. 이 공공 주택은 99년 동안 사유 재산으로 인정받는 '영구 임대 주택'이다. 즉, 국민이 공공 주택을 다른 사람에게 팔 수 있으며 거주할 수 있는 기간을 최대 99년으로 제한하고 있다. 공공 주택을 팔 때는 다른 사람에게 직접 팔 수 없고, 반드시 정부에 되팔아야 한다. 정부는 시가로 집을 사들인 후에 이 집을 입주 대기자에게 되판다. 공공 주택을 이용해 투기할 수 없도록 막는 방법이다.

공공 주택은 주택개발청HDB, Housing and Development Board에서 공급한다. 이 기관의 목표는 좁은 국토, 높은 인구 밀도라는 한계를 극복하고 주택난을 해결하는 것이다. 싱가포르는 주택개발청 설립 이후 공공 주택 건설에 박차를 가했다. 그 덕분에 국민의 주거권을 향상해 오고 있다.

싱가포르 시민권자는 평생 동안 최대 두 번까지 공공 주택을 분양받을 수 있다. 두 번으로 제한한 이유는 전 국민에게 기회를 평등하게 주기 위해서다. 공공 주택은 보통 'HDB 아파트'라 불리며 크기도 다양하다. 게다가 4~5개의 방을 갖춘 중대형 아파트가 90퍼센트를 차지한다. 그 결과 공공 주택에 사는 사람들의 불만이 적으며 공공 주택에 대한 편견이 없다.

공공 주택에는 2018년 기준으로 월평균 소득이 6,000싱가포르달러한국 돈으로 약 518만 원 미만인 가구만 입주할 수 있다. 즉, 소득이 높다면 공공 주택에 살 수 없다. 고소득자는 민간 주택 시장에서

싱가포르 국민은 주로 HDB 아파트라고 불리는 공공 주택에서 산다.

복지로 모두의 인권을 지킨다면

주택을 구입하도록 유도하는 것이다. 민간 주택은 전체에서 15퍼센트 정도를 차지하며 공공 주택과 달리 철저하게 시장 자율에 맡긴다. 그래서 수십억 원, 수백억 원 하는 고급 주택도 많다. 공공 주택 분양 자격이 없는 외국인과 부유층이 대상이다.

우리나라와 무엇이 다를까?

싱가포르 주택 정책이 성공한 이유는 하나로 들 수 없다. 토지 국유화, 연금과 모기지부동산을 담보로 장기 주택 자금을 대출해 주는 제도의 결합, 신도시를 통한 고밀도 개발 등 복합적이다. 무엇보다도 정부가 '전 국민 자기 집 갖기'라는 정책을 일관되게 추진한 것이 성공의 밑거름이 되었다. 31년간 집권한 리콴유 총리는 자기 집을 갖는 게 사회 안정의 기반이라고 보고 토지 국유화를 밀어붙였다.

아무리 좋은 정책이라도 국민이 원하지 않으면 성공할 수 없다. 따라서 싱가포르 정부는 토지 임대형 공공 주택도 5년 보유 후 사고팔 수 있게 했고, 중대형 중심으로 공급했다. 민간 주택과 비슷한 소유권을 주고 고급화를 추진하면서 수요자인 국민의 마음을 사로잡았다고 할 수 있다.

현재 우리나라에서 국유지가 80퍼센트에 이르는 싱가포르 모델을 벤치마킹하기는 어렵다. 국토도 싱가포르보다 넓고 모든 땅을 국유화, 즉 나라가 소유하기에는 돈도 많이 들기 때문이다. 그럼에도 싱가포르를 보며 배울 점이 적지 않다. 무엇보다 맞춤형 주거 프로그램을 실행해 빈곤층의 주거 안정을 도모해야 한다. 아울러 공공 주택을 공정하게 배분해야 한다. 싱가포르는 공무원의 부패 인식 지수가 높아 매우 청렴한 주택 정책을 펴고 있는데, 이 점이 발전의 원동력이라 할 수 있다.

주택에 대한 국민의 인식과 문화가 다른 점도 한몫한다. 한국의 주택은 살기 위한 장소일 뿐만 아니라 사유 재산이라는 의미가 더 강하다. 주택을 자녀에게 물려줄 유산으로 생각하는 경향이 크기 때문에 싱가포르와 상황이 조금 다르다.

싱가포르는 특정 지역의 집값을 잡겠다는 단기적 목표가 아니라 도시 계획과 연계해 장기적 주택 정책을 세웠다. 누구나 소득과 생활 수준이 높아질수록 '좋은 집'에 살고 싶은 욕구도 커진다. 싱가포르는 열심히 일한다면 자산을 늘리고 더 나은 집으로 이동할 기회가 있다는 확신을 주고 제도적으로 보장한다. 우리나라에서는 당장 소득이 적은 청년층에게 임대 주택 일부를 공급하고 신혼부부에게 공동 주택을 임대하는 것에 그칠 뿐 '주거 이동 사다리'가 없다. 싱가포르와 같은 주거 정책의 성공을 바라기 어려운 이유다.

우리나라에만 있는 제도, 전세

한 장소에서 안정적으로 살기 위해서는 반드시 집을 사야 할까?
물론 그렇지 않다. 집을 사는 대신 일정한 돈을 내고 빌리는 방법
도 있다. 보증금을 내고 계약 기간 후에 돌려받는 전세와 매달 집
을 사용하는 값을 내는 월세가 대표적이다.

전세는 주택 가격의 60~80퍼센트에 해당하는 금액을 전세금
보증금으로 집주인에게 지급하고, 그 주택에 사는 동안에는 별도의
월세를 내지 않는다. 집주인에게 낸 전세금은 계약 기간이 끝나
면 돌려받게 된다.

월세는 계약 기간 매달 월세를 집주인에게 낸다. 일반적으로
전세에 비해 보증금이 저렴하다. 전세와 마찬가지로 보증금은 계
약 기간이 끝나면 돌려받는다.

조선 시대에도 있었다고?

전세는 전 세계에서 유일하게 우리나라에만 있는 제도다. 언제부터 있었는지 정확히 알 수 없지만, 조선 시대 말에 이미 시행되고 있었다고 한다. 우리나라에서 전세 제도가 시작된 지 최소한 100년이 넘은 셈이다. 당시 집을 빌린 사람은 집주인에게 일정 금액을 맡긴 뒤, 집을 돌려주는 시점에 맡긴 돈을 돌려받았다. 집주인에게 맡기는 돈은 기와집인지 초가집인지에 따라 달랐다. 전세금은 보통 집값의 절반이었고 비싼 곳은 70~80퍼센트였다. 계약 기간은 일반적으로 1년이었지만 기간을 정하지 않기도 했다.

일제 강점기에는 서울경성 지역에서 전세 제도가 발달했다. 해방 후 도시화가 되는 과정에서 전국으로 퍼지며 우리나라의 대표적인 주택 임대차 방식으로 자리 잡은 것으로 파악된다. 많은 사람이 도시로 물밀듯 들어왔던 1960~1970년대에는 전세 보증금이 집을 빌리는 사람의 신분을 보증하는 기능을 했다. 농촌에서 도시로 무작정 올라온 세입자들 입장에서도 전세는 새로운 삶터에 정착할 때까지 밑천을 잃지 않고 주거를 해결할 수 있는 방법이었다.

전세 제도가 뿌리 내린 이유

다른 나라에서 예를 찾기 힘든 전세 제도가 우리나라에서는 어떻게 주요한 제도로 자리 잡았을까. 2가지 이유가 있다. 첫째로 주택 구입을 위한 대출의 발달이 늦은 편이었고, 둘째로 집값이 계속 올랐기 때문이다.

전세를 계약할 때 세입자는 보증금을 내고 집주인은 주택을 제공한다. 세입자는 보증금 외에 다른 사용료를 내지 않고 살다가 계약이 끝나면 전세 보증금을 돌려받고 주택을 비워 준다. 집주인 입장에서는 전세가 이자를 내지 않고 목돈을 구할 수 있는 방법이었다.

게다가 집값이 계속 올랐기 때문에 너도나도 집을 사려 했는데, 이 과정에서 투자 목적으로 전세를 끼고 집을 사는 이른바 '갭 투자'가 널리 퍼졌다. 갭 투자는 주택 판매 가격과 전세 가격의 차이가 적은 집을 고른 후에, 전세로 살 사람을 구하고 그 주택을 사는 행동을 말한다. 전셋값이 높을수록 집을 사는 데 드는 돈이 적어진다. 만약 3억 원짜리 아파트의 평균 전세 보증금 비율이 80퍼센트라면, 전세로 살 사람을 먼저 구해 전셋값 2억 4,000만 원을 받고 나머지 600만 원만 자기 돈으로 내는 식이다.

TV 드라마에서 한 집에 여러 가구가 살 수 있는 건물을 흔히 볼 수 있다. 이곳에서는 집주인은 안방에 살고 세입자는 곁방에 살거나 2층, 또는 지하방이나 옥탑방에 산다. 반면 아파트에서는 집주인과 세입자가 함께 살기 어렵기 때문에 아예 독채로 전세를 내주는 경우가 많다.

여기서 잠깐 집의 형태에 따른 종류를 살펴보자. 국어사전에서

전세는 주택 금융이 덜 발달한 상태에 집값이 계속 오르는 한국의 상황에서 독특하게
발전해 왔다.

'빌라'를 검색하면 "다세대 주택이나 연립 주택을 이르는 말"이라고 풀이한다. 이름이 비슷한 다가구 주택까지 빌라로 묶는 사람도 많다. 그러나 법적으로 따져 보면 세 주택은 모두 다르다. 그렇다면 무엇이 다를까? 크게 볼 때 다가구 주택은 단독 주택이고, 다세대 주택과 연립 주택은 공동 주택이다. 단독 주택이라는 말은 주인이 1명이라는 뜻이다. 하지만 공동 주택은 호실마다 소유권이 나뉘어 있다. 다세대 주택과 연립 주택은 규모로 나누는데, 면적이 660㎡보다 넓으면 연립 주택, 그 이하는 다세대 주택으로 분류한다. 다세대 주택과 연립 주택 모두 가구 수의 제한은 없지만 4층 이하로 제한된다. 참고로 아파트는 5층 이상 공동 주택을 말한다.

월세와 비교했을 때 전세만의 장점이 있다. 우선 매달 임대료 걱정 없이 살 수 있다는 점이다. 보증금을 은행에 맡긴다 해도 이자가 별로 높지 않기 때문에, 꼬박꼬박 월세를 내는 것보다 경제적으로도 나을 수 있다. 게다가 가진 돈으로 구할 수 있는 집이 아예 없거나 좁다는 점을 생각하면, 절반의 돈으로 상대적으로 넓은 집에 사는 셈이다. 계약 기간이 끝나면 보증금을 온전히 돌려받을 수 있기 때문에, 나중에 내 집을 장만할 때 밑천으로 사용할 수도 있다.

이처럼 전세는 주택 금융이 덜 발달한 상황에 집값이 계속 오르는 상황에서 독특하게 발전해 온 제도다. 만약 집값이 더 이상 오르지 않거나 주택 구입비를 안정적으로 마련할 다른 방법이 생긴다면 전세 제도도 변화를 맞게 될 것이다.

전세 보증금의 두 얼굴

2019년 기준으로 우리나라 임차 가구 중 전세 가구는 39.7퍼센트다. 즉, 세입자 10명 중 4명은 전세로 살고 있다. 앞에서도 말했듯이 전세 제도는 우리나라만의 독특한 제도다. 이 제도는 주택 시장은 물론 우리나라 사람들의 주거 생활에 큰 영향을 미치고 있다.

전세 때문에 한국 사회는 이래저래 들썩거리곤 한다. 특히 집값이 오르고 내릴 때와 이사 철에 그 증상이 심각해진다. 전세 보증금에 있는 빛과 그림자 때문이다. 먼저 집값과 전셋값이 오를 때 보증금은 집주인의 자산을 늘릴 수 있는 수단이 된다. 세입자에게는 높은 전셋값이 부담이 된다. 반대로 집값이 떨어질 때는 빚의 얼굴을 한다. 이때 보증금은 세입자에게 빌린 '무이자 대출금'이나 다름없다. 전셋값이 오를 때는 세입자의 부담이 커지고, 전셋값이 떨어지면 집주인의 보증금 상환 능력이 문제가 되는 것도 이와 연관되어 있다.

'방값을 올릴래? 아니면 방을 비워 줄래?'로 상징되는 전세 대란은 집값이 오를 때 나타나는 풍경이다. 집값이 오를 때는 전셋값도 같이 오르기 때문이다. 그동안에는 전셋값이 계속 올랐기 때문에 2년 전세 계약이 끝나면 집주인들은 새로운 세입자를 구해 집을 빌린 사람에게 보증금을 돌려줬다. 이 경우 이전 보증금보다 더 올려 받는 경우가 많았고, 그래서 집주인들은 보증금을 갚아야 할 빚으로 생각하지 않았다. 그러나 집값이 떨어지면 사정은 달라진다. 새로운 세입자를 구하기 어려울 뿐만 아니라, 구한다 하더라도 전에 살던 세입자 보증금을 채우기 위해 추가로 돈을 얹어서 돌려줘야 한다. 만약 집값이 폭락하면 사정은 더 심각해진다. 이 경우 심하면 세입자의 전 재산이나 마찬가지인 보증금이 위험에 처하는 상황으로 치달을 수 있다.

우리나라는 집을 빌리는 임대차 기간이 2년으로 지나치게 짧고, 사실상 인상폭에 대한 제한이 없는 거나 다름없다. 이는 전세 제도의 불완전함을 증폭시키고 있다. 대다수 선진국에서 발달한 공공 임대 주택은 임대차 기간이 30년 이상이다. 민간 주택 임대차 시장이 발달한 독일도 임대차 기간은 10년 이상인 데다 인상폭도 엄격하게 제한된다. 지금 우리나라의 제도는 세입자에게 지나치게 불리하다. 전세 제도에 걸맞은 보호 장치가 매우 취약해 불완전한 상태에 있는 것이다.

물론 우리나라에서는 취약 계층에게 싼 금액으로 공공 임대 주택을 빌려주고 있다. 또는 서민들에게 낮은 이자로 월세와 전세 보증금을 빌려주는 등 다양한 주거 복지 제도를 실행하고 있다. 하지만 아직 모든 국민을 지원하지는 못하고 있다. 게다가 최

현재 우리나라는 취약 계층에게 싼 금액으로 공공 임대 주택을 빌려주는 등 여러 주거 복지 제도를 실행하고 있지만 아직 모든 국민을 지원하지는 못하고 있다.

소한으로 지원하는 정도라서 상당수 국민의 필요를 만족시키지 못한다. 앞서 살펴본 싱가포르의 주거 정책은 매우 중장기적이었다. 반면 우리나라는 정부가 바뀔 때마다 주거 정책 프로그램이 변경된다. 정권 차원의 단기적 주거 안정 프로그램이 아닌 중장기적 대책을 만들어야 한다.

집 문제는 정부만의 문제가 아니다. 국민의 인식 변화도 필요하다. 싱가포르는 1980년대 홍콩과 함께 소셜 믹스 아파트 단지 내에 일반 분양 아파트와 공공 임대 아파트를 함께 조성하는 것라는 개념을 처음 도입한 나라였다. 심해지는 빈부 격차를 해결할 방안의 하나로 소셜 믹스가 부각된 것이다. 다양한 민족이 어울려 사는 나라에서 주택은 사회 통합을 위한 기반이다. 싱가포르에서는 다양한 특성을 지닌 사람들이 어울리며 공동체 의식을 키우는 것을 매우 중요하게 생각한다. 그래서 공공 주택이 더 잘 정착할 수 있었다.

싱가포르에서 공공 주택에 대한 부정적 인식을 없애는 첫 출발점이 된 것은 세련된 아파트 디자인과 교통이 편리한 위치였다. 이와 더불어 공공 주택 거주민들이 서로 얼굴을 보고 유대감을 키울 수 있도록 입주민들도 노력하고 있다.

아직 우리나라에서는 공공 주택에 대해 부정적으로 인식하는 사람이 많다. 하지만 주거 문제에 대해 실제적이고 중장기적인 대책이 나온다면 국민들도 공공 주택이라는 주거 형태에 대한 시선을 긍정적으로 바꿀 것이다. 또한 더불어 함께 살아가는 문화를 펼쳐 나간다면 지금까지 대한민국이 이뤄 낸 많은 기적처럼 주거 문제에도 밝은 미래를 기대할 수 있을 것이다.

진로 찾기 **주거복지사**

집값이 가파르게 오르면서 내 집 마련은 실현하기 어려운 꿈이
되었다. 저소득층의 현실은 더욱 가혹하다. 쪽방촌, 판잣집, 달동
네와 같은 열악한 환경에서 생활하는 사람들이 스스로 주거 환
경을 개선하기란 쉽지 않다. 주거복지사는 서민부터 저소득층까
지 주거 문제를 겪는 사람들을 전문적으로 지원하는 직업이다.

주거복지사는 해당 지역의 주거 실태를 전반적으로 조사하고
분석해 지원이 필요한 대상자를 가려 뽑는다. 지원이 필요한 주
민을 상담하거나 교육하는 업무도 맡는다. 이러한 현장 업무뿐
만 아니라 공공 주택을 개조하거나 공급하는 사업을 추진하며,
주거 복지를 위해 만든 공공 주택이 잘 관리되고 있는지 점검하
는 일도 한다. 주거 복지 향상을 위해 민간 기업 및 단체와 공공

기관이 협력할 수 있는 네트워크를 만드는 일도 주거복지사가 하는 일 중 하나다.

주거복지사는 국가와 지방 자치 단체, 민간 주거 복지 지원 센터, 임대 관리 기업, 주거 복지 관련 사회 단체 등 다양한 곳에 소속되어 활동한다. 주거복지사에게는 국내의 주거 정책과 주거 문제에 대한 전문적인 지식이 필요하다. 본격적으로 활동하기 위해서는 자격증을 취득해야 한다. 대학교를 졸업했다면 바로 시험에 응시할 수 있다. 물론 자격증 시험에 응시하기 위해 반드시 대학교 졸업장이 필요한 것은 아니다. 학력과는 관계없이 관련 직무 분야에서 4년 이상 실무에 종사한 경험이 있다면 시험을 볼 수 있다. 주거복지사 자격증은 2016년 1월부터 국가 공인 자격증으로 승인되었다.

3장

교육 복지,
평등 사회의
시작

교육은 물이나 공기와 같은 공공재이기에
사회 구성원 모두가 차별 없이 누릴 수 있어야 한다.

의무 교육이란 무엇일까?

우리나라에서는 만 6세가 되면 초등학교에 입학한다. 대부분은 6년 동안 초등학교를 다니고, 3년 동안 중학교를, 다시 3년 동안 고등학교를 다닌다. 초등학교 6년과 중학교 3년, 고등학교 3년은 의무 교육 기간으로, 나라에서 정한 법에 따라 반드시 교육을 받아야 하는 기간이다.원래는 중학교까지였으나 2021년부터 고등학교까지로 바뀌었다 달리 표현하면 우리 모두 교육을 받을 권리가 있다.

누구나 교육받는 세상을 위해

현재 우리나라를 포함한 많은 나라에서 의무 교육 제도를 시행하고 있다. 모든 국민이 기본적인 교육을 무료로 받게 되면, 나라의 미래인 어린이들이 더욱 다양한 교육을 받을 수 있게 된다. 의무 교육 제도는 나라에 필요한 인재를 길러 내는 일인 셈이다. 다양한 분야에서 활약하는 인재가 늘어날수록 나라는 성장한다. 전세계 대부분의 나라에서 중학교 이상까지 기본적으로 교육받도록 하는 이유다. 결국 의무 교육 제도는 국민을 위한, 곧 나라의 발전을 위한 씨앗이다. 하지만 의무 교육을 하려면 투자해야 하는 나랏돈이 늘어나게 되어 세금 부담이 커질 수 있다. 이 갈등 탓에 아프리카와 남아메리카의 일부 개발 도상국에서는 의무 교육 제도를 실시하지 못하고 있다.

그러나 경제적·사회적 배경에 관계없이 누구나 교육받을 수 있어야 한다. 이는 각국의 헌법과 교육 관련 법에서 규칙으로 정한 인간의 권리다. 특히 국제 인권 규약이 선언하고 있는 권리이기도 하다.

특히 유엔UN, 국제연합에서 만든 아동권리협약CRC, Convention on the Rights of the Child은 국제 사회가 이 세상의 모든 아이를 위해, 그 아이들의 인권을 보호하고 증진하며 실현하기 위해 세운 약속이다. 이는 우

유엔 아동권리협약

전 세계 196개국2021년 1월 기준이 비준법률을 최종적으로 확인·동의하는 절차한 국제 협약이다. 국제 협약 중 가장 많은 국가에서 비준한 인권법이다. 영국, 캐나다, 스웨덴, 노르웨이 등의 선진국에서는 이미 법과 제도, 정책, 교육, 문화에 유엔 아동권리협약의 가치를 녹여 내기 시작했다. 우리나라에서도 아동 인권의 가치가 국가와 지역 사회, 학교, 더 나아가 가정까지 좀 더 퍼져야 한다. 유엔 아동권리협약은 아이들이 스스로 생각하고, 판단하고, 함께하는 지구촌을 만드는 데 꼭 필요한 가치이자 기준이다.

누구나 경제적·사회적 배경에 관계없이 균등하게 교육을 받을 권리가 있다.

리나라에서도 동의하는 국제법으로, 우리나라 헌법 제6조에서
는 "헌법에 의하여 체결·공포된 조약과 일반적으로 승인된 국제
법규는 국내법과 같은 효력을 가진다"고 밝힌다.

유엔 아동권리협약에서는 18세 미만의 어린이와 청소년을 아
동이라 정의한다. 아동은 부모의 소유가 아니며 지금 우리 사회
를 구성하고 있는 존귀하고 존엄한 존재다. 따라서 이 협약에서
는 아동이 마땅히 누려야 할 권리가 있음을 밝힌다. 또한 아동을
폭력과 차별에서 보호하고, 아동의 사회 참여를 보장하며, 아동
의 이익을 최우선으로 삼을 것을 명시하고 있다.

19세기 중후반 이후 공교육나라에서 제도적으로 시행하는 교육이라는 개념
이 도입되었다. 그때부터 미국과 대부분의 유럽 국가에서 무상으
로 교육하는 것은 오랜 전통이다. 즉, 교육의 기초 단계를 의무로
삼으면서 고등학교까지 무상으로 교육하는 원칙이 정착되어 있
다. 경제협력개발기구 가맹국 36개 중 35개 국가에서 고교 교육
단계까지 무상으로 지원한다.

의무 교육의 다양한 모습

의무 교육 대상에 해당하는 나이는 나라마다, 지역마다 약간씩
다르다. 하지만 대부분 만 6세부터 만 16세까지, 초등 교육과 중
등 교육을 의무로 정하고 있다.

선진국이라 불리는 대부분의 나라에서는 유치원부터 중등 교

육까지 의무 교육으로 진행된다. 또한 의무 교육 과정 중에 월반 학습 능력이 높은 학생이 상급 학년으로 건너뛰어 올라가는 일과 유급상위 학년으로 올라가지 못하고 그대로 남는 일 제도가 있다. 대표적으로 프랑스에서는 7월 말에 종합 성적을 매겨 진급과 유급을 결정한다. 미국과 캐나다의 경우 대부분의 지역에서 의무 교육 기간인 중고등학교에서는 학점제교육 과정을 학점 단위로 계산하는 제도를 채택하고 있다. 따라서 학점을 빨리 채웠을 경우에는 조기 졸업이 가능하다.

의무 교육은 세계 각국의 공통적인 교육 제도다. 무료로 제공되기 때문에 무상 교육이라고도 한다. 기간은 나라마다 다르지만 짧게는 5년에서 길게는 14년이며, 최근 의무 교육 기간을 늘리는 나라가 많아졌다.

미국 50개 주의 의무 교육 기간 평균을 내면 2000년 기준 11.3년이었다. 그러나 2015년 기준 12년으로 늘었다. 미국에서는 공교육 하한 연령과 상한 연령을 따로 정해상한 연령을 두지 않는 주도 있음 모든 국민이 고교 교육을 이수하도록 하고 있다. 그리고 일부 주는 학교에 보조금을 줄 때 평균 출석자 수를 기준으로 하는 식의 정책을 통해 더 많은 사람이 고교 교육을 수료하도록 유도한다.

대만은 2014년 의무 교육 기간을 12년으로 연장하는 '12년 국민 기본 교육 정책'을 발표했다. 영국은 2008년 발의한 교육기능법Education and Skills Act에서 의무 교육 후 2년간 18세까지 교육 훈련 계속RPA, Raising the participation age 제도를 도입하여 2013년부터 단계적

국가명	교육 급여			무상 교육 대상				주요 내용
	기간	시작 연령	종료 연령	초	중	고	대	
호주	12년	6세	17세	o	o	o	x	의무 교육은 6세에 시작해 17세까지, 또는 12년간 교육 후 종료
벨기에	12년	6세	18세	o	o	o	x	1983년 의무 교육 기간 12년 지정
캐나다	11년	6~7세	16~18세	o	o	o	x	1910년 모든 주정부에 의무 교육 도입
덴마크	10년	6세	16세	o	o	o	o	1971년 의무 교육 기간 9년 지정
핀란드	10년	6세	15세	o	o	o	o	1998년 의무 교육 기간 10년 지정
프랑스	10년	6세	16세	o	o	o	o	1959년 의무 교육 기간 10년 지정 2019년 의무 교육 취학 연령 하향(3세)
독일	11~12년	6세	18~19세	o	o	o	o	주에 따라 학교 제도 기준이 다름 16개 주의 의무 교육 기간은 11년(12개 주), 12년(4개 주)
이스라엘	12년	6세	18세	o	o	o	x	1959년 의무 교육 기간 12년 지정 2007년 의무 교육 취학 연령 상향(18세)
일본	9년	6세	15세	o	o	o	x	1947년 의무 교육 기간 9년 지정 2010년 고교 무상 교육 도입
네덜란드	12년	5세	18세	o	o	o	x	1981년 의무 교육 기간 12년 지정 12년의 의무 교육 종료 후 시간제 무상 교육 참가 가능
스웨덴	9년	7세	16세	o	o	o	o	1962년 의무 교육 기간 9년 지정
영국	11~12년	4~5세	16세	o	o	o	x	의무 교육 기간은 잉글랜드, 웨일스, 스코틀랜드 11년, 북아일랜드 12년 2013년부터 의무 교육 종료 후 2년간의 의무 계속 교육 도입

출처: 교육부
주요 국가의 의무 교육

으로 실시하고 있다. 10대 후반 청소년의 교육·훈련 참가를 높여 청년 실업자를 줄이고자 하는 인재 육성 정책이라고 할 수 있다.

우리나라의 무상 교육

우리나라 무상 교육은 언제부터였을까? 대한민국 헌법 제1호가 제정된 1948년까지 거슬러 올라가서 살펴보자. 헌법 제31조에서는 "적어도 초등 교육은 의무적이며 무상으로 한다"고 명시했다. 그리고 1949년 제정된 '교육법'에 따라 1950년 6월 1일부터 초등학교 의무 교육을 시작할 예정이었다. 그러나 6월 25일 한국전쟁이 터지면서 해당 법령이 무색해졌다. 따라서 전쟁 도중인 1952년 교육법 시행령을 제정한 뒤 휴전 직후부터 초등 교육을 늘려 나갔다.

정부는 1954년부터 '초등 의무 교육 완성 6개년 계획'을 실시하고 교육 예산 약 80퍼센트를 의무 교육비로 배정했다. 70퍼센트 수준이던 취학률_{학교에 다닐 나이가 된 어린이 수에 대해 실제 학교에 들어간 어린이 수의 비율}을 95퍼센트 이상으로 끌어올리기 위해서였다. 그 결과 1957년에는 취학률이 90퍼센트를 넘었고, 1959년에는 96퍼센트로 목표를 달성했다.

중학교 의무 교육은 부분 도입부터 전면 실시까지 17년이 걸렸다. 1985년 도서 산간 지방에 우선적으로 실시했는데, 이후 1998년 교육기본법에 중학교 의무 교육까지 포함했지만 재정이 부족

대한민국헌법 제31조
① 모든 국민은 능력에 따라 균등하게 교육을 받을 권리를 가진다.
② 모든 국민은 그 보호하는 자녀에게 적어도 초등교육과 법률이 정하는 교육을 받게 할 의무를 진다.
③ 의무교육은 무상으로 한다.
④ 교육의 자주성·전문성·정치적 중립성 및 대학의 자율성은 법률이 정하는 바에 의하여 보장된다.
⑤ 국가는 평생교육을 진흥하여야 한다.
⑥ 학교교육 및 평생교육을 포함한 교육제도와 그 운영, 교육재정 및 교원의 지위에 관한 기본적인 사항은 법률로 정한다.

교육기본법 제8조(의무교육)
① 의무교육은 6년의 초등교육과 3년의 중등교육으로 한다.
② 모든 국민은 제1항에 따른 의무교육을 받을 권리를 가진다.

해 번번이 연기되다 2002년에서야 전면 실시되었다.

2002년 이후에는 무상 교육에 대한 논의가 잠잠했으나 영유아 교육을 지원하는 누리과정으로 불이 붙었다. 누리과정은 둘로 나뉘어 있던 유치원 교육 과정과 어린이집 표준 보육 과정을 통합한 교육 과정이다. 정부는 유아기부터 양질의 교육을 무상으로 제공하겠다는 목표로 2012년에 만 5세 누리과정을 도입했다. 2013년부터는 대상을 확대해 만 3~5세 누리과정을 전면 시행하고 있다.

이 정책은 만 3~5세 자녀를 둔 학부모에게 지원하는 누리과정 비용을 순차적으로 늘려 젊은 부부들의 경제적 부담을 줄인다는 의미가 있다. 무엇보다 생애 초기부터 평등한 교육을 받도록 보장한다는 점도 중요하다. 즉, 어느 유치원이나 어린이집을 다니든지 대한민국의 만 3~5세 유아라면 양질의 교육을 차별 없이 받을 수 있게 되었다. 이를 통해 지역이나 소득에 따른 교육 격차가 줄어들기를 기대한다.

대학까지 무료로 다닌다면

우리나라의 대학은 80퍼센트가 사립대라 등록금이 비싸다. 그리고 나머지 20퍼센트를 차지하는 국립대도 결코 저렴하지 않다. 학생과 학부모가 등록금의 절반은 내야 한다. 그런데 대학교 학비가 너무 커서 가계에 부담이 되지만 그만큼 양질의 교육이 이루어지는지 모르겠다는 불만이 늘어나고 있다. 이에 2000년대 중반부터 등록금 투쟁이, 2011년부터 반값 등록금 집회가 이어졌다. 국민들의 관심이 쏠린 주제라서 대통령 선거의 주요 이슈가 되기도 했다. 그러나 대학 교육은 교육받는 사람이 부담해야 한다는 인식이 아직 강하다. 고교를 넘어서 대학까지 무상으로 교육받을 수 있을까?

대학 학비가 없는 나라

대학까지 공짜로 보내 주는 나라가 있을까? 대표적으로 덴마크, 핀란드, 프랑스, 독일, 스웨덴은 대학 등록금이 없는 나라다. 특히 교육 경쟁력 1위로 평가받는 핀란드를 포함한 북유럽 국가들_{덴마크, 스웨덴, 노르웨이, 핀란드}과 체코, 아이슬란드, 슬로바키아, 오스트리아에서는 대학 교육이 모두 무료다. 게다가 덴마크에서는 대학생들에게 매월 50~60만 원을 주고, 스웨덴에서는 20세가 되면 1인당 약 2,000만 원씩 지급한다. 생활비에 대한 걱정 없이 공부에 열중하도록 하는 조치다. 핀란드와 함께 교육 강국으로 손꼽히는 아일랜드 역시 대학 등록금을 내지 않는다.

등록금이 없는 이유가 무엇일까? 단지 이들 나라가 돈이 많아서일까? 그렇지 않다. 교육에 대한 가치관이 다르기 때문이다. 이들 나라에서는 교육을 상품으로 바라보지 않는다. 교육은 물이나 공기와 같은 공공재_{모든 사람이 공동으로 누리는 재화}이기에, 사회 구성원 모두가 차별 없이 누릴 수 있어야 한다고 생각한다. '교육 기회 균등'이 그 무엇보다 중요하다고 여기는 것이다.

앞에서 살펴본 대로 최근 선진국들에서는 보통 교육_{사회인으로서 기초적인 지식과 교양을 기르는 교육}뿐만 아니라 취학 전 교육_{어린이집, 유치원 등}과 고등 교육으로 무상 교육이 확대되고 있다.

프랑스의 대통령 에마뉘엘 마크롱은 2018년 3월 '유치원에 관한 회의'라는 연설을 했다. 이 연설에서 그는 의무 교육을 시작하

독일 베를린에 있는 훔볼트대학교의 도서관. 독일을 비롯해 덴마크, 핀란드, 프랑스, 스웨덴 등의 유럽 국가들은 대학 등록금을 무상으로 제공하고 있다.

는 나이를 6세에서 3세로 낮추겠다고 발표했다. 유치원에서의 교육이 그 후의 교육에 많은 영향을 미친다는 점을 인식하고, 모든 자녀가 유치원 교육을 받음으로써 사회적인 불평등을 해소하겠다는 뜻이다. 우리나라 역시 누리과정을 도입해 3세부터 평등한 교육을 받을 수 있도록 하고 있다.

노르웨이, 프랑스, 핀란드, 독일 등 경제협력개발기구 가맹국 36개 중 16개의 유럽 국가에서는 이미 고등 교육까지 무상이다. 미국에서도 고등 교육 무상 정책이 확대되고 있다. 뉴욕주는 미국에서 최초로 주내의 주립 대학과 시립 대학 무상화 정책을 2017년에 도입했다. 2년제 대학community college 무상화는 일부 지역에서 실시해 왔지만 4년제 대학을 대상으로 한 무상 정책은 최초다. 2017년 기준으로 연 수입이 10만 달러약 1억 1,470만 원 이하인 가정의 자녀가 무상 교육 대상이다. 대학생 자녀가 있는 주민 중 약 80퍼센트가 2017년부터 등록금 면제 혜택을 보았다. 2019년에는 기준을 12만 5,000달러약 1억 4,300만 원까지 올려 더 많은 주민을 지원 대상에 포함시켰다. 미시간주립대학교도 2018년부터 소득을 기준으로 연간 6만 5,000달러약 5,900만 원 이하인 가정 자녀의 대학 등록금을 받지 않고 있다.

대학은 신분 상승의 수단?

교육은 공공재다. 개인과 사회 모두에 경제적·비경제적 이익을 가져다준다. 개인은 교육을 통해 생산력을 끌어올려 노동 시장에서의 경쟁력을 높일 수 있고 결혼, 건강, 육아, 여가 등의 비경제적 이익도 얻을 수 있다. 그리고 사회와 정부는 경제 성장, 국가 경쟁력의 강화뿐만 아니라 범죄 감소, 환경 보호, 높은 시민 정신 등 국가와 사회를 유지하는 데 꼭 필요한 이익을 얻는다.

한국에서는 대학 졸업장이 신분 상승의 기회와 수단으로 인식되어 왔다. 하지만 어느 틈엔가 경제적 능력이 없으면 대학에 진학하기 점점 어려워졌고, 설사 진학한다 하더라도 어려운 여건 때문에 공부를 계속할 수 없는 경우가 많아졌다. 그 와중에 인간다운 삶을 누리기 위해서는 최소한 대학교 졸업은 해야 한다고 인식하고 있어 교육열만큼은 어느 국가보다도 높다.

교육이 권력과 부를 누릴 수 있는 수단이 된다면, 교육받을 기회가 균등하지 못하다는 것은 결국 사회적으로 불평등하다는 뜻이다. 우리나라에서 일류대라 불리는 대학교의 합격자 수 분포를 보면 알 수 있다. 생활이 비교적 안정된 서울 강남 출신 합격자가 상대적으로 빈곤한 강북 출신보다 월등히 많고, 농어촌 출신보다 도시 출신 합격자가 압도적으로 많으며, 관리직·전문직 종사자 자녀의 합격 비중이 점점 높아져 가는 현실이다. 경제적 약자나 농어촌 수험생들의 머리가 나빠서가 아니라 교육 환경이 다르기 때문이다.

이웃 나라 일본에서도 2018년 대학 교육을 전면 무상화하자는

교육이 권력과 부를 누릴 수 있는 수단이 된다면, 교육의 기회가 균등하지 못하다는 것은 결국 사회적으로 불평등하다는 뜻이다.

논의가 화두로 떠오른 적이 있다. 그때부터 일본은 저소득층 가구의 대학생에게 매월 3만 엔약 32만 5,000원의 지원금을 지급하는 방안을 도입했다. 지금은 무상 학자금 도입을 추진 중이다. 무상 학자금은 졸업 후에도 아예 갚을 필요가 없다.

그렇다면 우리나라에서도 대학교 교육을 무료로 바꿔야 할까? 과연 꼭 필요한 일일까? 지금까지 우리 사회에서는 '대학 교육 무상화'라는 의견에 찬성보다 반대의 목소리가 컸다. 대학 교육까지 지원하는 일을 사치나 세금 낭비로 바라보는 시선이 많았다. 필요한 돈을 마련하는 문제도 큰 걸림돌로 작용했다.

그러나 북유럽에 이어 미국과 일본까지 대학 교육 무상화 바람이 불고 있는 지금, 언제까지 대학 교육 무상화를 반대만 할 수 없다. 이제는 대학 교육을 무료로 바꿀 수 있는 현실적인 방안을 검토해야 할 때다. 복지는 항상 얻는 것과 잃는 것 중 무엇이 더 큰지 살피는 일이기 때문이다.

물론 우리나라에 대학 등록금에 대한 국가 지원이 없는 것은 아니다. 우리 정부는 2009년 한국장학재단을 설립, 다양한 장학금을 주며 대학생들의 등록금 부담을 덜고 있다. 한국장학재단에서 지급하는 대표적인 장학금은 국가장학금이다. 국가장학금은 대학생의 등록금 부담을 줄이기 위해 소득과 재산이 일정 수준 이하인 대학생 중 성적 기준을 충족한 학생에게 장학금을 지원하는 제도다.

이와 더불어 국가근로장학금이 있다. '근로'라는 단어에서 유추할 수 있듯이, 학교 혹은 외부 기관에서 근무하고 받는 장학금이다. 따라서 국가장학금과는 다른 개념인데, 2021년 기준 시급으로 교내 9,000원, 교외 1만 1,150원을 지급한다. 국가근로장학금은 학기 중에는 주당 최대 20시간, 방학 때는 최대 40시간 일할 수 있어 많은 대학생이 신청하고 있다.

하지만 이 장학금들은 모두 소득 기준이 적용된다. 또한 100퍼센트 대학 무상 교육은 아니다. 북유럽 국가에서는 부모의 소득에 상관없이 대학까지 무상 교육이 이루어지는데, 우리나라에서는 부모의 소득에 따라 학생에게 차별을 두는 것이다. 부모님 대신 국가가 교육비를 지원하는 '선별 복지' 형식이다. 그러나 선별 복지는 늘 사각지대가 존재한다. 즉, 그 기준에는 들지 못하지만 가정 환경이 어려운 학생들에게는 그 혜택이 주어지지 않는다는 문제가 생긴다.

북유럽 국가들에서는 단 한 명도 놓치지 않겠다는 교육 철학이 사회에 널리 퍼져 있다. 무상 교육도 돈이 없어 대학에 못 가고 뒤처지는 사람이 없도록 온 국민을 책임진다는 철학에 바탕을 둔 것이다. 그 결과로 교육 불평등이 자연스레 완화된 것이지, 교육 불평등을 완화하겠다는 목표를 정하고 행동한 것은 아니다.

대학 졸업장이 사회에서의 성공을 보장해 주는 시대는 이미 지났다. 2020년 기준으로 우리나라의 대학 진학률은 72퍼센트에 이른다. 그러나 2020년 대학 졸업생들의 취업률은 64퍼센트에 그친다. 적지 않은 금액을 들여서 대학을 졸업하더라도 취업하기 어려운 현실이다. 우리나라도 이제 교육 복지의 측면에서 '평등'이라는 철학을 고민할 때다. 대한민국 정부 수립 후 가장 개혁이 부진했던 고등 교육 분야인 대학을 혁신하고 대학 무상 교육을 적극적으로 고민해 도입해야 한다.

교육의 차이를 줄일 수 있을까?

평등이라는 교육 철학에서 가장 이슈가 되는 내용이 바로 '교육 격차'다. 교육 격차란 그 사회를 구성하는 집단 사이에 나타나는 교육 결과의 차이라고 할 수 있다. 성별, 지역, 개인의 지적 능력, 사회 경제적 배경 따위와 같은 다양한 요인이 영향을 미친다. 교육 격차는 사회 계층이나 성별, 인종이 영향을 준다는 측면에서 기회의 불평등으로 해석할 수 있다.

교육 결과가 달라지는 이유

교육 격차는 무엇 때문에 생길까? 크게 가정 환경과 학교 교육이 영향을 준다. 사회학적 관점에서 볼 때, 교육은 계층 이동의 통로이므로 대부분의 부모는 자녀가 양질의 교육을 받고 성과를 낼 수 있도록 노력한다. 그런데 사회 경제적 배경이 좋을수록 부모가 자녀에게 투자할 수 있는 자원이 많아진다. 이는 학생의 교육적 성취에 영향을 미칠 수 있다. 그동안 부모의 교육 지원, 부모의 기대와 관심, 교육받는 학생의 포부, 학생의 학습 시간이나 수업 태도 등이 계층 사이의 교육 격차를 만드는 원인으로 제시되어 왔다. 가정 환경에 따라 교육 지원의 수준, 교육에 대한 열망 수준과 학습 태도가 달라지고, 그에 따라 학업 성취도와 상위 학교로의 진학 비율에 차이가 생긴다는 것이다.

두 번째 요인인 학교 교육이 미치는 영향은 아직 논의 중이다. 학교 교육이 교육 격차를 줄이는 데 기여하는지, 아니면 오히려 차이를 키우는지는 매우 오래된 논쟁이다. 하지만 학교가 학생들에게 어떤 교육 환경을 제시하는지에 따라 상위 학교로의 진학 정도가 달라진다는 점은 증명되고 있다. 즉, 좋은 환경의 학교가 학생들의 학업 성취도와 학습 동기에 긍정적인 영향을 준다는 뜻이다.

이제 교육 격차에 대해 적극적으로 논의되어야 한다. 많은 통계나 연구에서 이러한 교육 격차가 수치로 확인되었기 때문이다. 학생 간, 학교 간, 지역 간의 교육 격차는 실제 소득 격차로 이어져 사회 양극화를 부르는 주요 원인이 되고 있다.

코로나19가 키운 교육 불평등

2020년부터 이어져 온 코로나19로 비대면 수업이 일상으로 들어왔다. 그런데 등교 일수가 줄어들고 원격 수업이 많아지면서 교육 격차가 더 커지고 있다. 그동안에는 가정 환경에 따른 학습 경험의 차이를 학교가 완충해 주었는데, 그 역할이 줄어들면서 가정 환경이 학업 결과에 더 크게 반영될 가능성이 생긴 것이다. 부모님이 맞벌이거나 조부모님이 돌보는 아이, 컴퓨터나 인터넷 등이 제대로 갖춰지지 않은 환경의 아이는 그렇지 않은 아이와 다를 수밖에 없는 현실이다. 설문 조사 결과, 교사와 학부모, 일반 시민 대다수가 코로나19로 인해 교육 격차가 커졌다고 인식하고 있었다. 수능 모의고사 결과에서도 중위권 성적이 줄어들면서 양극화 현상이 나타났다.

2020년 경기도교육연구원에서는 경기도 내 800개 초·중·고 학생, 보호자, 교사를 대상으로 코로나19 이후 교육 경험과 인식이 어떻게 바뀌었는지 조사했다. 연구 결과, 가정의 경제 수준에 따라 격차가 다양하게 나타남을 알 수 있었다.

첫째, 가정의 경제 수준에 따라 원격 수업 환경에 차이가 난다. 가정 환경이 열악할수록 원격 수업에 집중하기 어려운 장소에서 수업을 듣는다는 응답이 높았다. 또한 원격 수업을 위한 디지털 기기 소유 여부, 기기의 성능 측면에서 차이가 나타났다.

둘째, 원격 수업에 대한 이해도와 학습 과정에서도 차이가 나

코로나19의 영향으로 등교 일수가 줄어들고 원격 수업이 많아지면서 교육 격차가 커지고 있다.

타났다. 가정의 경제 수준이 낮을수록 원격 수업 내용이 어렵다고 응답하는 학생이 많았다. 친구와 의견이나 정보를 나눌 상황이 되지 않고, 교사에게 질문하거나 상호 작용하기 어려워 수업을 따라가지 못하는 일이 쌓이는 것으로 나타났다. 경제 수준이 높을수록 보호자가 온라인 학습을 지원하고 지도하는 일이 수월했고, 공부 중 어려움이 생길 때도 즉시 대처할 수 있었다.

셋째, 돌봄 공백에서도 차이가 나타났다. 경제 수준이 낮을수록 낮에는 보호자가 없는 상태에서 시간을 보내고 있었고, 점심 식사를 하지 않는 아이도 많았다. 경제 수준이 낮고, 보호자 없이 낮 시간을 보내는 학생들은 건강에 대한 염려, 미래에 대한 불안감, 우울감이 더 높아 정서 및 심리 상태에도 차이가 나타났다.

물론 아직 코로나19가 교육 격차에 미친 영향에 대한 실증적인 분석은 부족하다. 몇몇 기관에서 관련 실태와 인식 조사를 한 적이 있고, 관련 문제를 다룬 언론 기사가 있을 뿐이다.

코로나19로 인해 '원격 교육에 따른 교육 격차'라는 새로운 양상이 나타났지만, 이는 이전의 교육 격차 문제와 본질적으로 다르지 않다. 코로나19 사태가 끝난 후에 등교 수업으로 돌아간다고 문제가 해결될 수 있을까? 안타깝게도 코로나19로 인해 확대된 사회적·경제적 불평등 때문에 교육 격차는 유지될 것으로 보인다. 특히 현재 취약 계층 학생들의 학습 부족이 장기적으로 어떤 영향을 미칠지 주의해서 살펴봐야 한다. 코로나19와 같은 팬

데믹전염병이 전 세계적으로 크게 유행하는 현상 상황은 언제든지 반복될 수 있다. 따라서 앞으로의 상황에 대비해서 교육의 질을 끌어올리고 격차를 해소할 수 있는 방안을 고민해야 한다.

사회 경제적 격차는 교육 격차로 이어지고, 교육 격차는 다시 사회 경제적 격차로 연결된다. 한쪽이 변하면 다른 한쪽도 따라서 변하는 관계다. 따라서 교육의 기회를 균등하도록 만드는 일은 사회 경제적 기회를 평등하게 하기 위한 전제 조건이다.

교육 격차를 줄일 방법

대부분의 교육 격차는 가정 환경의 차이에서 비롯되지만, 가정 환경에 따른 교육 격차를 줄이기 위해서는 가정과 학생 개인의 노력이 필요하다. 원격 수업의 효과를 최대한 누리려면 자기 주도 학습 능력의 중요하다고 한다. 부모의 지원이나 사교육보다 자기 주도 학습을 하는 시간이나 수업 태도, 수업 집중도가 더 중요하다는 연구 결과도 있다. 이는 원격 수업뿐 아니라 대면 수업에서도 마찬가지라고 한다.

문제는 가정 배경이 좋은 학생들이 자기 주도 학습 능력도 더 높다는 데 있다. 가정 환경이 좋은 학생일수록 공부하려는 의지, 포부, 학습 동기, 학습 시간 등이 높은 경향이 있다. 부모의 학력, 학습 환경, 자원 등이 자기 주도 학습 능력에도 영향을 미치는 것으로 나타났다. 따라서 취약 계층 학생에게 학습 동기를 심어 줄 수 있는 방안을 고민해야 한다.

교사의 수업 방식이 자기 주도 학습 능력에 영향을 준다는 연구 결과도 있다. 수업에서 학생의 자율성을 높일 때 자기 주도 학습 능력이 향상된다고 한다. 토론과 프로젝트 수행 등 문제 해결 위주의 수업이 강의식 수업보다 자기 주도 학습 능력을 높이는 것으로 나타났다. 학생들이 동아리, 자원봉사, 멘토링 등 다양한 교내외 활동에 참여할 수 있는 기회도 늘려야 한다. 이러한 활동은 저소득층 청소년들의 성취 동기와 효능감 향상에 효과적이라고 알려져 있다.

무엇보다 학생이 학교에서 배우는 교과의 내용을 자신의 삶과 자신을 둘러싼 사회와 연결시킬 수 있도록 돕는 것이 중요하다. 원격 수업의 장점을 활용해 교육 과정을 다양화하고, 학생들의 교과 선택의 폭을 넓혀 줄 계기가 될 수도 있을 것이다.

아울러 국가는 취약 계층의 교육 격차를 해소하기 위한 다양한 정책과 복지 사업을 추진해야 한다. 물론 이미 다양한 정책 사업을 추진하고 있다. 우리나라 정부에서는 무상 의무 교육의 확대, 저소득층·농어촌 교육 지원, 교육 복지 투자 우선 지역 지원 사업 등을 시행 중이다. 교육·문화적 조건이 상대적으로 열악한 도시 저소득층 밀집 지역을 선정한 뒤 교육·문화·복지 수준을 높이고 교육 격차를 해소하기 위해 다양한 사업을 진행하고 있다.

교육의 자율성과 공공성은 중요한 요소다. 그러나 이를 제도적으로 조화롭게 실천하는 것은 현실적으로 매우 어려운 일이다. 자율성과 공공성의 범위를 설정하는 일은 국가와 사회가 추구하는 가치, 지역의 특수성, 교육 격차에 대한 기준 등에 따라 달라질 수 있기 때문이다.

진로 찾기 **놀이심리상담사**

놀이심리상담사는 사회적, 정서적 불안함 때문에 공부와 성장에 어려움을 겪는 아동과 청소년의 마음을 돌보는 전문가다. 다른 심리상담사와의 차이점은 심리를 진단하고 치료할 때 놀이를 활용한다는 것이다.

상담의 대상이 되는 아이들은 연령도, 상황도 무척 다양하다. 친구들에게 따돌림을 받거나, 가정불화를 겪거나, 주의 산만으로 집중하지 못하는 등 여러 가지 원인으로 정서가 불안정한 아이들이다. 특히 어린 아동은 어휘력과 표현력이 부족해 생각과 감정을 말로 전달하는 일을 어려워하는 경우가 많다. 이때 놀이는 내면을 자연스럽게 드러낼 수 있는 수단이 된다.

놀이심리상담사는 인형, 장난감, 게임 등의 다양한 놀이 도구를 준비해 두고 아이가 자유롭게 가지고 놀도록 한다. 이때 아이의 행동을 지켜보면서 심리 상태를 파악한다. 또한 함께 놀면서 아이가 자신의 감정과 상황을 이해하게끔 돕는다. 놀이는 아이가 겪는 두려움이나 스트레스 같은 불안정한 감정을 해소하는데 도움을 주기도 한다.

놀이심리상담사가 되려면 대학교에서 심리학이나 아동학, 사회복지학을 전공해야 한다. 관련 자격증으로는 놀이심리상담사 1~3급이 있다. 자격증을 취득하면 의료 기관, 아동 상담 센터, 복지관 등에 소속되어 일하게 된다.

마음을 다루는 직업인 만큼 놀이심리상담사는 인간에 대해 깊이 이해해야 한다. 심리적 문제를 겪는 아동의 행동에 대한 지식이 있어야 하며 원만한 성격과 끈기, 배려, 포용력도 필요하다.

4장

여성 복지,
성평등 사회를
꿈꾸며

사람에게는 안전할 권리, 평온할 권리가 있다.
이는 성별과 상관없이 누구나 당연히 누려야 할 인권이다.

'여성 전용 구역'은 왜 생겼을까?

대학가에는 오래전부터 '여학생 전용 휴게실'이 있었다. 최근에
는 그 외에도 여성 전용 시설이 점점 많아지고 있다. 여성 우선
주차장, 여성 안심 택배, 여성 전용 택시, 여성 안심 보안관, 여성
안심 귀가 서비스, 근로 여성 전용 임대 아파트, 지하철 여성 전
용칸부산지하철 1호선, 여성 전용 흡연 구역고속도로 휴게소 대부분, 여성 전용 암
병원, 여성 전용 자전거 주차장, 여성 전용 도서관충북 제천시, 여성
기업 전용 공단인천 남동공단 내, 여성 전용 여행 애플리케이션 등이다.
또 일부 지자체에서는 여성 전용 엘리베이터, 여성 전용 계단, 여
성 전용 피트니스 센터 등 여성 전용이 붙은 서비스가 늘어나는
흐름이다.

　여성 전용 구역이 생기게 된 까닭은 무엇일까? 여성 전용 구역

을 보고 왜 여성에게만 저런 공간이 필요하냐고 따지는 사람도 있고, 너무 많지 않냐고 묻는 사람도 있다. 특히 여성 주차 공간에 대한 불만은 상당하다. 각종 SNS와 온라인 커뮤니티에서 곱지 않은 의견을 많이 접할 수 있다. "여성 운전자의 수에 비해 여성 우선 주차 구역이 너무 많은 거 아니냐?", "남성 전용 주차 구역도 만들어 달라. 그렇지 않으면 역차별" 등이다.

여성 전용 구역은 정말 '역차별'일까? 역차별이란 부당한 차별을 받는 쪽을 보호하기 위해 마련한 제도나 장치가 너무 강해 오히려 반대편이 차별받는 것을 의미한다. 그런데 역차별이 성립하기 위해서는 중요한 조건이 있다. 차별이 금지되어야 한다는 조건이다. 역차별을 주장하려면 차별 금지 정책 때문에 개인이 구체적인 손해를 입었다는 사실을 입증해야 한다. 하지만 우리나라에서는 차별을 금지할 수 있는 법이나 제도가 제대로 마련되어 있지 않다.

여성 전용 구역에 대해 비판하는 사람들은 우리 사회의 성차별이 이미 사라졌다고 전제한다. 즉, 성차별이 줄어들고 여성의 권리가 커졌다고 생각하기 때문에 여성은 전용 구역을 만들어 배려해야 할 만큼 사회적 약자가 아니라는 논리다. 그러나 실제로 우리가 살아가는 세상이 성평등한 사회라고 확실하게 말할 수 있을까? 이 답을 찾기 위해 여성 전용 구역이 생긴 이유부터 생각해 보자.

범죄와 폭력에 노출된 사람들

오래전부터 여성은 폭력에 자주 노출되었다. 여성을 대상으로 한 범죄나 성범죄는 꾸준히 증가해 왔다. 자신이 겪은 성폭행이나 성희롱을 사회적으로 고발하는 '미투 운동'이 활발해짐에 따라 드러나는 진실도 이를 뒷받침한다.

실제로 대검찰청이 매년 발표하는 '범죄 분석' 통계에 따르면 살인, 강도, 성폭행 등 강력 흉악 범죄에서 여성 피해자가 차지하는 비율은 2018년 기준 89.2퍼센트에 달했다. 피해자 10명 중 9명이 여성인 셈이다. 여성이 위험에 빠질 가능성이 훨씬 높다고 볼 수 있다. 이런 상황에서 여성들이 느끼는 불안감도 커질 수밖에 없다.

여성 전용 구역은 이런 사회적 분위기 속에서 등장했다. 여성만을 위한 공간을 만들어 위험에 노출되지 않도록 보호하려는 뜻이었다.

그러나 좋은 취지와는 달리 효력이 부족하다는 주장이 끊이지 않는다. 실제로 2015년에는 한 남성이 여성 우선 주차 구역에서 여성을 납치해 살해했고, 마트의 여성 우선 주차장에서 강간 미수가 일어나기도 했다. 사회적 약자를 보호하는 장치로 출발한 여성 우선 구역이 본래의 목적과 반대로 여성의 안전을 위협한다는 주장이다. 남성 출입이 제한된다는 특성이 오히려 범죄 대상을 쉽게 찾을 수 있는 장치가 되었다. 그래서 여성 전용 구역을

여성 전용 구역은 여성들이 성범죄나 폭력 등의 범죄에 노출되는 것을 방지하기 위해 만들어졌다.

만드는 것보다 CCTV를 늘리고 보안 요원을 배치하는 방법이 더 효율적일 수 있다는 의견도 있다.

여성 우선 주차장은 역차별일까?

대표적인 여성 전용 구역인 여성 우선 주차장은 뜨거운 감자다. 여성 우선 주차장은 대형 마트, 백화점뿐만 아니라 아파트 주차장에서도 쉽게 발견할 수 있다. 출입구와 가까운 쪽에 설치되어 있어 한눈에 들어온다. 자세한 문구가 없어도 분홍색 선과 '치마 입은 사람' 마크를 보면 여성을 위한 주차 공간임을 쉽게 눈치챌 수 있다.

대형 마트에 장 보러 가서 주차할 때는 이동이 편리한 매장 입구나 첫 번째 층에 자리 잡으려는 경쟁이 매우 심하다. 그런 의미에서 여성 우선 주차 공간은 매우 매력적이다. 출입구와 가까울 뿐만 아니라 주차 공간도 넓어 편리하기 때문이다.

그래서인지 여성 우선 주차장을 둘러싼 논란이 유난히 크다. 여성 우선 주차장은 서울시에서 2009년 추진한 '여성이 행복한 도시 프로젝트'의 일환으로 도입되었다. 주차할 수 있는 차량이 30대 이상인 주차장에서는 전체 주차 대수의 10퍼센트 이상을 여성 우선 주차장으로 만들게 한 것이다. 이어 익산시, 시흥시 등 여러 지방 자치 단체에서도 벤치마킹했고, 지금은 대형 마트나 휴게소 등에서 쉽게 발견할 수 있다.

여성 우선 주차장은 영유아를 동반한 여성이나 임산부를 위해 만들어졌다. 편리하게 시설을 이용할 수 있는 권리를 보장하기 위해서다. 그러나 차 댈 곳을 찾기 힘든 장소에서 성별을 기준으로 주차 편의를 제공하는 데 대해, 일부는 역차별이라고 말한다. 여성에게만 편리한 주차 구획은 성평등에 어긋난다는 주장이다. 또 이러한 제도와 시설을 비판하는 사람도 많다.

하지만 여성 우선 주차장이라는 이름을 자세히 살펴보자. 여성 전용 주차장과 헷갈릴 수 있는데 정확한 명칭은 여성 우선 주차장이며 남녀노소 모두 이용해도 되는 곳이다. 다만 여성 운전자에게 양보하라고 권장하는 시설일 뿐이다. '전용'과 '우선'의 차이는 크다. 전용이라 칭하면 강제성이 있고, 우선은 강제성이 없다.

차라리 임산부나 장애인을 배려하라는 주장은 여성 우선 주차장을 비판하는 주요 논리다. 그러나 여성 우선 주차장은 장애인 전용 주차장과는 다르다는 사실을 기억하자. 시민의 자율에 맡기는 것이지 강제하는 제도가 아니다. 남녀노소 모두 사용할 수 있는 일반 주차장과 큰 차이가 없다. '여성 우선'이라는 이름 때문에 많은 논란을 낳았지만 양보하라는 권장 사항일 뿐이다.

최근에는 보라색으로 표시한 임산부 전용 주차장도 생겼다. 서울시는 2019년 8월부터 공영 주차장과 공공시설 주차장에 임산부 전용 주차장을 만들었고, 각 자치 단체에서 이를 벤치마킹해서 임산부 전용 주차장을 운영 중이다. 임산부가 차량 문을 여

여성 우선 주차장은 장애인 전용 주차장과는 다르다. 시민의 자율에 맡기는 것이지 강제하는 제도가 아니기 때문이다.

유 있게 열고 편안히 이용할 수 있도록 2.5m 이상이던 주차 폭을 3.3m 이상으로 넓혔다. 임산부 전용 주차장은 '임산부 자동차 표지'를 부착하고 임산부가 탑승한 차량에 한해 이용할 수 있다.

편견을 깨고 나아간다면

일부 여성 운전자는 여성 우선 주차장이라는 이름 자체를 부담스러워 한다. 김 여사운전에 능숙하지 못한 여성을 비꼬는 말 같은 여성 혐오 표현을 여기저기서 쓰는 세태에 기름을 붙이는 격이라는 의견이다. 여성 우선 주차장은 여성이 남성보다 운전을 못한다는 편견, 여성이 아이를 돌보는 일이 당연하다는 편견에서 나온 시설이라는 의견도 있다.

사람들은 황당하거나 답답하게 운전하는 차를 만났을 경우 운전자가 남자면 그 개인의 잘못으로 돌리지만 여자면 여자라서 못한다고 싸잡아 비난한다. 하지만 여성이 남성보다 운전을 못한다는 것을 보여 주는 통계는 전혀 없다.

앞서 설명했듯 여성 우선 주차장을 만든 것은 주차장에서 남성보다 여성이 범죄에 노출될 확률이 높고, 그로 인해 느끼는 공포감과 불안감으로 인해 더 큰 피해를 입기 때문이다. 그래서 여성 우선 주차장은 사각이 없는 밝은 위치, 주차장 출입구 또는 관리원과 가까운 곳, CCTV 감시가 쉬운 곳, 장애인 주차장 다음으로 승강기에서 가까운 곳에 지정한 것이다.

제대로 된 차별 금지법이 없는 상황에서 개인에게 구체적인 손해가 발생할 정도의 강제성 있는 차별 금지 정책은 나오기 어렵다. 법과 제도의 뒷받침 없이 만든 여성 전용 또는 여성 친화를 내세운 정책들은 역차별이 아니라 오히려 성차별을 강화할 수도 있다.

여성 전용 구역을 보면서 실효성을 따지고, 성차별이라고 화를 내기 전에 이런 제도를 도입하게 된 사회적 맥락을 이해하자. 그리고 이런 사회 구조적 문제를 어떻게 개선할지에 대해 생각해 보자. 여성, 남성 할 것 없이 운전에 미숙한 운전자나 아이와 함께 탄 운전자, 임산부, 노인과 같은 교통 약자를 위한 주차장을 만드는 것이 좋겠다. 어떤 방식으로든 제도의 변화가 필요해 보인다. 실제로 효과를 나타내는 정책이 나오길 기대한다.

성평등한 사회를 향해

세계 각국에서는 성평등한 사회를 만들기 위해 노력하고 있다. 1995년에 열린 북경행동강령에서는 성평등 정책 추진을 위해 여성 정책을 전담하는 국가 기구를 설치하도록 권고했다. 이에 따라 현재 대부분의 국가가 여성 정책을 다루는 국가 기구를 설치하고 각종 성평등 정책을 실시하고 있다. 우리나라 여성가족부는 북경행동강령 채택 성과를 공유하고 성평등에 대해 대한민국과 국제 사회가 함께 논의하는 장인 2020 대한민국 성평등 포럼

북경행동강령

1995년 9월, 베이징에서 열린 제4차 세계여성대회에서 채택한 국제 결의안이다. 12개 주요 분야빈곤, 교육·훈련, 건강, 폭력, 무력분쟁, 경제, 권력 및 의사 결정, 제도적 장치, 인권, 미디어, 환경, 여아에서 여성의 역할과 권리를 규정하고 성평등 실현을 위해 법과 제도, 교육, 문화의 변화를 모색했다.

을 개최하기도 했다.

우리나라의 성평등 수준

우리나라에서 최초로 성평등 정책을 주관했던 국가 기구는 1988년 생긴 정무 장관실이다. 이 기관은 1998년 대통령 소속 여성 특별 위원회라는 이름으로 바뀌었다. 이후 정부 조직법 개정과 더불어 2010년 지금의 여성가족부로 확대되었고, 현재는 다양한 영역에서 성평등 정책을 시행하고 있다.

하지만 세계경제포럼WEF, The World Economic Forum에서 발표한 '2019 글로벌 성 격차 보고서'의 성 격차 지수GGI, Gender Gap Index를 보면 아직 갈 길이 멀어 보인다. 우리나라의 성평등 수준은 153개국 중 108로, 하위권에 속해 있다.

세계경제포럼에서는 지난 2006년부터 경제 활동 참여와 기회, 교육적 성취, 건강과 생존, 정치적 권한이라는 4개 부문에서 여성과 남성의 격차를 국가별로 수치화해서 발표해 왔다. 이 지수가 1에 가까울수록 남녀가 평등하다는 뜻인데 2019년 우리나라의 성 격차 지수는 0.672였다.

세계경제포럼

저명한 기업인이나 학자, 정치가, 저널리스트 등이 모여 세계 경제에 대해 논의하고 연구하는 국제 민간 회의. 1971년 시작되었으며 이 포럼에서 논의된 사항은 세계 무역 기구, G7 등 국제 경제에 큰 영향을 미친다. 매년 1~2월에 스위스 다보스에서 열리기 때문에 다보스포럼이라고도 부른다.

아이슬란드나 노르웨이 같은 북유럽 국가는 물론 니카라과, 르완다, 필리핀 같은 저소득 국가보다도 뚜렷하게 낮은 수치다. 특히 여성의 교육 수준이 높은 반면 고위직 진출이 어렵고 임금 격차가 큰 점 때문에 여전히 많은 여성이 불평등을 겪고 있는 것으로 조사되었다. 각각의 성평등 수준을 나타내는 영역을 보면 성격차가 크게 나타난다. 경제 참여와 기회 부문은 127위, 교육적 성취 부문은 101위, 건강과 생존 부문은 1위, 정치적 권한 부문은 79위로 건강과 생존을 제외한 나머지는 전부 하위권이다.

세계경제포럼은 우리나라 전체에 성평등이 실현되는 데 무려 99.5년이 걸릴 것으로 예상했다. 성평등이라는 것은 한쪽이 가진 모든 권리와 상황을 다른 쪽에 그대로 적용한다거나, 한정된 자원을 반반씩 나누어서 되는 일이 아니다. 실질적인 성평등 실현을 위해 공공 기관과 민간의 참여가 절실한 상황이다.

여성 차별의 역사

신체적 또는 문화적 특징 때문에 사회의 다른 구성원으로부터 스스로 차별받는다고 인식하는 개인이나 집단을 '사회적 소수자'라 부른다. 사회적 소수자는 상대적인 개념이라서 시대, 장소, 소속 집단에 따라 달라진다. 예를 들어 우리나라 사람이 외국으로 이민 가면 그 나라에서는 사회적 소수자가 될 수 있다.

단순히 수가 적다고 사회적 소수자는 아니다. 숫자는 적어도

순위	국가	성 격차 지수
1	아이슬란드	0.877
2	노르웨이	0.842
3	핀란드	0.832
4	스웨덴	0.820
5	니카라과	0.804
6	뉴질랜드	0.799
7	아일랜드	0.798
8	스페인	0.795
9	르완다	0.791
10	독일	0.787
16	필리핀	0.781
104	말레이시아	0.677
106	중국	0.677
107	가나	0.673
108	대한민국	0.672
109	케냐	0.671
112	인도	0.668

2019년 성 격차 지수

다수를 압도할 힘을 가지고 있다면 소수자라고 할 수 없다. 반대로 숫자는 많지만 지배 집단에 의해 차별적 대우를 받는다면 소수자다. 여성은 세상의 절반가량 되지만 남성에 비해 차별받고 있기 때문에 소수자라고 할 수 있다.

조선 시대까지 여성은 전혀 사회생활을 할 수 없었다. 1924년에서야 남성과 동등한 중등 교육을 받게 되었으며, 선거에 참여할 수 있는 권리참정권도 8·15 광복 후인 1948년에서야 얻어 냈다. 40여 년 전만 해도 학교에 다닐 기회를 남자 형제에게 양보하고 집안 살림을 하거나 돈을 벌어야 하는 여성이 많았다. 정치, 종교계는 아직까지 남성들의 활동 무대나 다름없다. 국회 의원 성비는 말할 것도 없고, 종교계에서도 여성 성직자는 찾기 힘들다.

무엇보다 고위직으로 갈수록 여성이 차지하는 비율이 눈에 띄게 줄어든다. 유리 천장glass ceiling이라는 용어가 이런 상황을 잘 나타낸다. 유리로 된 천장같이 눈에 보이지는 않지만 단단히 가로막고 있는, 통과할 수 없는 장벽이라는 뜻이다. 특히 성별과 관련된 차별을 비유적으로 이를 때 많이 사용한다. 즉, 충분한 능력을 갖춘 사람이 여성이라는 이유로 고위직을 맡지 못하는 상황을 나타낸다. 상황이나 사람마다 정도의 차이가 있겠지만, 여성이 겪는 차별은 분명 존재한다.

구분	2004년 (17대 총선)	2008년 (18대 총선)	2012년 (19대 총선)	2016년 (20대 총선)	2020년 (21대 총선)
전체	299	299	300	300	300
여성	39	41	47	51	57
남성	260	258	253	249	243
여성 비율	13	13.7	15.7	17	19

자료: 중앙선거관리위원회 선거통계시스템
국회의원 비율 (단위: 명, 퍼센트)

구분	2014년	2015년	2016년	2017년	2018년
전체	8,639	8,839	9,189	9,355	9,463
여성	955	1,067	1,236	1,380	1,531
남성	7,684	7,772	7,953	7,975	7,932
여성 비율	11.1	12.1	13.5	14.8	16.2

자료: 인사혁신처, 「행정부국가공무원인사통계」
4급 이상 공무원 비율 (단위: 명, 퍼센트)

차이와 차별은 다르다

차이差異와 차별差別은 다르다. 차이란 '서로 같지 아니하고 다름'을 표현하는 말이고, 차별은 '비교해서 가치에 차이를 매긴다'는 뜻이 담겨 있는 말이다. 차이는 있는 그대로의 모습을 표현하는 현상을 나타내지만 차별은 좋고 싫음, 또는 나음과 못함이라는 가치판단이 담겨 있다.

헌법은 인간의 존엄성, 자유, 평등이라는 가치를 지향한다. 이 가치를 실현하기 위해 우리는 성차별을 하지 않되 성별의 다름은 인정하고 존중해야 한다. 성차이는 남성과 여성이 가진 신체적, 정서적 차이를 뜻한다. 그러한 신체적, 정서적 차이를 토대로 평가하면 성차별이 된다. 즉, 성차별은 다름을 인정하지 않고 평가해 직업 선택이나 임금 수준 등에 불평등한 대우를 하는 현상이다. 여성의 근력이 남성보다 약한 사실은 성차이, 여자 직원을 뽑을 때 외모를 따지는 행동은 성차별이다.

사람에게는 안전할 권리, 평온할 권리가 있다. 이는 성별과 상관없이 누구나 당연히 누려야 할 인권이다. 여성이 한 인간으로서 존엄과 가치를 인정받을 때 사회 정의가 실현되는 세상이 될 수 있을 것이다. 남녀는 갈등과 경쟁의 대상이 아니다. 함께 조화를 이루며 살아가는 것이 이치에 맞다. 서로의 다름을 인정하며 조화를 이룰 때 우리 사회는 더욱 건강해질 것이다.

진로 찾기 **평등관리사무원**

다문화 사회란 한 국가나 사회 속에 여러 인종과 민족, 종교, 문화가 공존하는 사회를 뜻한다. 이주 노동자와 국제결혼 가정이 늘면서 우리나라도 본격적인 다문화 사회로 변화하고 있다. 2019년 기준 우리나라의 다문화 인구는 106만 명으로 전체 인구의 2.1퍼센트에 이른다. 다문화 가정에서 태어난 아이는 1만 7,000명이 넘어 전체 출생아 수의 5.9퍼센트를 차지하고 있다. 이에 따라 외국인과 다문화 가정이 우리 사회에 잘 적응할 수 있도록 지원하고 교육하는 일이 중요해지고 있다. 평등관리사무원은 다문화 가정을 비롯한 소수 집단이 우리 사회에서 공정한 대우를 받을 수 있도록 돕는 직업이다.

이주민들은 문화적 차이 때문에 오해와 차별, 편견을 겪는 경우가 많다. 평등관리사무원은 이들이 어떤 어려움을 겪는지 파악해 개선하는 일을 한다. 이주민이 속한 학교, 직장, 동네 등이 소수 집단에 대해 바르게 이해하고 긍정적인 태도를 가질 수 있게 교육한다. 사업주들이 이주 노동자를 비롯한 다양한 계층을 고용하도록 장려하기도 한다.

평등관리사무원이 돌보고 지원하는 대상에는 이주민뿐만 아니라 장애인, 성적 소수자 등 차별의 대상이 되기 쉬운 사람들이 모두 포함된다. 이처럼 다양한 배경의 사람과 교류하는 직업이기 때문에 개방적인 사고와 상대방의 말을 경청하는 태도가 무척 중요하다. 어려움에 처한 사람에게 공감하는 마음 또한 필요하다.

지역별로 운영되는 다문화가족지원센터는 다문화 가족이 우리나라에 안정적으로 정착하고 생활할 수 있도록 한국어 교육, 취업 교육, 상담 등을 지원하고 있다. 하지만 이러한 일을 전문적으로 담당하는 인력은 부족하다. 전문가보다 자원봉사자에게 많이 의존하고 있는 현실이다.

앞으로 다문화 인구가 더욱 증가할 것이다. 이에 따라 평등관리사무원이 할 일이 많아질 것이고, 평등관리사무원을 찾는 곳이 늘어날 것이다. 열린 마음으로 지금부터 준비하면 좋겠다.

5장

아동 복지,
아이를 잘 키우기
위한 노력

자녀 양육에는 수많은 손길이 필요하다.
아이를 낳고 기르는 일은 사회 전체의 문제다.

아이 키우기 어려운 현실

요즘은 배우자를 선택할 때 맞벌이를 선호한다고 한다. 남성이든 여성이든 마찬가지다. 맞벌이할 수 있는 사람이 아니면 결혼을 피하고 싶다고 말하는 이들도 있다. 혼자 벌어서는 생활을 유지하기 어렵다는 이유다.

맞벌이 부부란 양쪽 모두 직업을 가지고 돈을 버는 부부를 말한다. 산업 혁명 이후 사회에 진출하는 여성이 많아지면서 생긴 가족 형태다. 결혼한 여성이 직장 생활을 계속할 수 있는 환경과 사회 분위기가 만들어지면서 꾸준히 늘어 왔다. 계속되는 경기 불황경제가 침체되면서 물가와 임금이 내려가고 실업이 늘어나는 상태 속에서 자녀들의 교육비를 마련하고 노후 준비도 해야 하는 40~50대 부부가 적극적으로 맞벌이에 나서는 것도 주요 원인 중 하나로 볼 수 있다.

우리나라 부부의 절반은 맞벌이

통계청의 발표에 따르면 배우자가 있는 가구 가운데 맞벌이 가구가 차지하는 비중은 2019년 기준 46퍼센트566만 2,000가구라고 한다. 거의 절반이 맞벌이 부부라는 뜻이다. 맞벌이 가구의 수는 점차 늘어나고 있으며, 40~50대 부부뿐만 아니라 20~30대의 젊은 부부 사이에서도 많이 보인다. 노인 인구가 급증하는 고령 사회에서는 은퇴하는 노인들을 대신해 여성들이 사회를 떠받치는 인력이 될 것이라는 분석도 많다. 여성의 사회 진출은 점점 활발해질 것이고, 맞벌이 가구 비중은 자연스럽게 더욱 높아질 것으로 보인다.

이처럼 맞벌이는 우리 사회의 자연스러운 흐름이다. 그런데 맞벌이하는 가정은 많은 문제를 겪고 있다. 그리고 맞벌이의 문제는 그냥 한 가정의 문제가 아니라 우리 사회의 문제라고 봐야 한다.

문제의 근원은 가사 분담에서 온다. 집안일 분담부터 아이를 기르는 문제, 나이가 많으신 부모님을 돌보는 일까지 갈등의 여지가 산더미처럼 쌓여 있다. 물론 새로운 현상은 아니다. 맞벌이 가정이 증가하면서 맞벌이 부부의 걱정이 사회적 문제로 번지는 것이다. 이러한 걱정을 해결할 방법은 없을까? 지금부터 제도적·개인적 차원에서 해결 방안을 찾아보려고 한다.

맞벌이 부부는 더 풍요로울까?

우선 맞벌이의 장점을 생각해 보자. 둘이 같이 번다는 경제적 안정감은 무시할 수 없다. 한 사람의 수입만으로 넉넉하게 생활하기는 힘들므로 맞벌이하지 않을 경우 노후 대책을 위한 저축은 어렵기 때문이다.

맞벌이 부부는 함께 벌기 때문에 비교적 평등한 편이다. 집안일, 육아를 둘이 나누어서 맡는 경우가 많다. 각자 밖에서 힘들게 일하고 집안일, 육아까지 하면서 느끼는 고충이나 스트레스도 나누며 서로를 더 이해할 수 있다. 이를 통해 함께 가정의 미래를 만들어 간다는 책임감과 자부심이 생긴다. 이는 부부 사이에도 긍정적인 영향을 미친다.

그러나 맞벌이에는 단점도 많다. 가장 큰 것은 바로 자녀 양육 문제다. TV에서 남편이 자녀 육아에 참여하는 예능 프로그램이 사랑받는 것을 보면 이제는 남편과 아내가 육아를 함께하는 것이 당연시된다는 걸 알 수 있다. 하지만 아직까지도 여성에게 육아 부담이 편중되는 경우가 많다. 이런 경우 아내는 직장 생활과 자녀 양육에서 동시에 엄청난 스트레스를 겪게 된다.

하나씩 생각해 보자. 누가 아이에게 분유를 주고 기저귀를 갈아 주고 학교를 보내고 병원을 데리고 가며 울 때 달래 줄 수 있을까? 당연히 아이를 돌볼 사람이 있어야 한다. 그러나 맞벌이 부부가 아이를 돌보기는 쉽지 않다. 따라서 다음 중에 하나를 택하게 된다. 첫째, 한 사람이 직장을 포기하고 육아를 담당하는 것이다. 둘째, 아이를 돌봐 줄 사람을 구하고 두 사람은 직장을 계속 다니는 것이다. 이때 시설이나 돌봄 도우미에게 맡길 경우 양육비가 따로 들어간다. 양가 부모님이 아이를 돌봐 주신다고 해도 마찬가지다. 당연히 수고 비용은 드려야 하고 부모님의 심정이나 건강도 세심히 신경 써야 한다.

둘 다 장단점이 있으므로 무엇이 더 낫다고 단정하기는 힘들다. 확실한 점은 어느 쪽이든 살림에 큰 부담이 된다는 사실이다. 돌봄 도우미를 구해 아이 양육을 맡긴다면, 부부 중 한 사람의 소득 대부분이 여기에 들어간다. 그래서 맞벌이의 가계 소득이 생각보다 크지 않다는 조사 결과도 있다. 통계청에 따르면 2019년 맞벌이 가구의 월평균 소득은 660만 원으로, 외벌이 가구인 445만 원에 비해 215만 원 많았다. 그런데 월 지출은 맞벌이 가구 504만 원, 외벌이 가구 332만 원으로 맞벌이 가구가 172만 원 많았다. 맞벌이 가구는 많이 버는 대신 많이 쓰는 구조라서 가계의 저축 여력은 외벌이보다 43만 원 많은 데 그치고 있다.

외벌이 가구보다 지출이 많은 이유가 또 있을까? 특히 맞벌이 가구는 자녀 양육을 위해 쓰는 돈이 많다. 부모가 가사 노동을 하거나 자녀를 돌보는 데 쓸 시간이 상대적으로 부족하기에, 그만큼 자녀 돌봄을 위한 비용이 많이 들 수밖에 없는 것이다.

그러다 보니 자발적으로 아이를 낳지 않는 맞벌이 부부가 늘고 있다. 아이를 기르는 데는 많은 시간과 비용이 들기 때문에 아이를 낳지 않는 딩크족은 다른 가구에 비해 경제적으로 여유롭게 살 수 있다. 최근 아이를 낳지 않는 부부가 많아지는 데는 이런 이유가 있다.

> **딩크족**
>
> 의도적으로 자녀를 두지 않는 맞벌이 부부를 말한다. 딩크DINK는 'Dual Income, No Kids'의 약자로 아이 없이 둘이 벌어 여유롭게 산다는 뜻이다. 아이를 낳는 대신 상대의 자립과 자유를 존중하며 일에서 삶의 보람을 찾는다.

갈수록 커지는 경제적 부담

한국보건사회연구원이 2016년 발표한 '가족 변화에 따른 결혼·출산행태 변화와 정책과제'에 따르면 맞벌이 부부가 이상적으로 생각하는 자녀의 수는 2.21명이라고 한다. 그러나 실제 출생아 수는 1.75명에 그쳤다. 이 차이는 어디서 왔을까?

하나만 키우려 해도 양육비 부담이 만만찮으니 둘 이상은 무리라고 생각하는 것이다. 결국 경제적 어려움이 큰 이유다.

그렇다면 아이를 키우고 독립시키기까지 들어가는 비용이 얼마일까? 한국보건사회연구원이 2018년 조사한 결과에 따르면 자녀 1명의 월평균 양육비는 73만 3,000원이며, 2명일 경우 137만 6,000원, 3명일 땐 161만 9,000원을 쓴다고 한다. 여기에 2018년 통계청의 조사를 토대로 최근 사교육비 통계를 추가 반영해 산출한 자녀 양육비는 1명 월 85만 원, 2명일 때 월 153만 원, 3명일 때 월 175만 원으로 나타났다. 각 금액을 바탕으로 20년간 투입되는 총금액을 단순히 계산해 보자. 각각 2억 원, 3.7억 원, 4.2억 원이 필요하다. 이것도 최소한의 금액이다. 이러니 당장 자녀 계획이 없는 신혼부부도 양육비를 생각하며 돈을 모은다.

그런데 더 큰 문제가 따로 있다. 집을 사는 데 드는 돈이다. 평범한 20대 직장인이 서울에서 아파트를 마련하려면 한 푼도 허투루 쓰지 않고 약 26년을 모아야 한다고 한다. 내 집 마련은 꿈만 같은 이야기가 되어 버렸다. 인간이 생활하는 데 꼭 필요한 요소인 의식주에서 주가 없다면, 즉 집 없이 불안한 생활을 해야 한다면 역시 아이를 낳지 않는 쪽으로 생각이 기울 수밖에 없다. 맞벌이가 아니면 살아가는 금액을 도저히 감당할 수 없는 구조가 되고 말았다.

쉽사리 해결하기 힘든 여러 어려움 앞에서 출산을 포기하는 이들이 늘어난다. 통계청의 발표에 따르면 2019년 우리나라 합계 출산율여성 1명이 낳을 것으로 예상되는 평균 자녀 수은 0.92명으로 출생 통계를 작성하기 시작한 1970년 이후 최저치다. 경제협력개발기구 36개국 가운데 합계 출산율이 1명 미만인 국가는 한국이 유일하다. 2018년 기준 경제협력개발기구의 합계 출산율 평균은 1.63명이었다.

정부의 저출산 관련 예산이 꾸준히 늘고 있지만 상황은 악화

쉽사리 해결하기 힘든 여러 어려움 앞에서 출산을 포기하는 이들이 늘어났다.

되고 있다. 저출산 현상이 심화되면 국가의 존립 자체도 힘들어
진다. 더욱 실제적인 대책이 필요하다.

일과 육아를 함께하려면

일도 하면서 육아까지 책임져야 하는 맞벌이 부부에게 가장 필요한 것은 무엇일까? 어린 자녀가 있는 맞벌이 부모는 출근 전 자녀를 보육 시설에 맡겨야 하기 때문에 정신없이 바쁘다. 아이가 다니는 유치원·어린이집이 집이나 직장 근처에서 멀다면 안 그래도 바쁜 아침에 더더욱 시간에 쫓긴다. 경제적·시간적 여유가 없어 자녀를 보육 시설에 맡기기 어렵다면 어떻게 할까? 누군가 아이를 봐줄 수 없는 상황이라면, 결국 부모 중 한쪽이 잘 다니던 직장을 그만두는 일이 생긴다.

2019년 통계청이 발표한 '일·가정 양립 지표'에 따르면 결혼한 여성의 경력이 단절되는 가장 큰 사유는 '육아 부담'이었다. 저출산 문제가 사회의 중요한 이슈로 떠오른 지 오래되었지만, 육아와 직장 생활을 병행하기는 여전히 쉽지 않다는 사실을 보여 주는 자료다. 육아 휴직 후 복직직장에 다시 돌아가는 일을 앞두고 어린아이 맡길 곳을 찾지 못해 발을 동동 구르는 워킹 맘이 많다. 저출산 시대라 하면서도 집 근처 어린이집의 입학 순번은 돌아오지 않으니 참 모순적인 상황이다.

슈퍼우먼은 없다

맞벌이하는 부부가 집안일도 공평하게 할까? 똑같이 회사 나가 일하는데도 집안일은 아내의 몫인 경우가 아직 많다. 여성가족부가 발표한 '2020 통계로 보는 여성의 삶'에 따르면 2019년 취업 여성의 하루 평균 가사 노동 시간은 2시간 24분이었다. 반면 취업 남성의 평균 가사 노동 시간은 49분이었다. 일과 가정의 양립이 중요하다는 인식은 높아졌으나, 실제 시간은 거의 그대로다. 2014년과 비교하면 여성의 가사 노동 시간이 3분 줄었을 뿐이다.

맞벌이 가구의 상황은 더 심각하다. 맞벌이 아내의 하루 평균 가사 노동 시간은 3시간 7분, 맞벌이 남편은 54분이라고 한다. 아내가 남편보다 집안일을 3.5배나 많이 하는 상황이다.

아내가 짊어져야 하는 집안일은 삶의 질에도 영향을 미친다. 일과 육아를 모두 잘 해내고 싶어도, 몸이 2개가 아닌 이상 현실적으로 불가능하다. 그 불가능에 맞서 자신을 몰고 가는 증상을 '슈퍼우먼 증후군'이라 한다. 슈퍼우먼 증후군은 주부의 역할과

		2014년		2019년	
		여성	남성	여성	남성
취업자	가정 관리	2시간 5분	28분	2시간 2분	36분
	가족 및 가구원 돌보기	22분	12분	22분	13분
	소계	2시간 27분	40분	2시간 24분	49분

취업자 가사 노동 시간

		2014년		2019년	
		여성	남성	여성	남성
맞벌이 가구	가정 관리	2시간 38분	28분	2시간 31분	39분
	가족 및 가구원 돌보기	35분	13분	36분	15분
	소계	3시간 13분	41분	3시간 7분	54분

맞벌이 가구 가사 노동 시간

슈퍼우먼 증후군은 여성들이 주부의 역할과 직장인의 역할을 모두 잘 해내려고 할 때 겪는다.

직장인의 역할을 모두 잘 해내려고 하는 여성이, 모든 일에 완벽해지려고 지나치게 신경을 쓴 나머지 겪게 되는 육체적 피로, 각종 병, 수면 부족, 불안감 등의 스트레스성 증상을 뜻한다. 일도 살림도 육아도 혼자서 해내는 삶, 생각만 해도 힘겹다. 그러나 직장 생활과 육아를 함께 감당하는 우리 사회의 많은 여성이 이런 슈퍼우먼 증후군으로 고통을 겪고 있다.

일·가정 양립이라는 표현에서 가정이라는 단어는 가족과 보내는 시간이나 가족 돌봄, 휴식 등의 넓은 뜻이다. 일과 가정의 양립, 어떻게 보면 굉장히 당연한 말이지만 우리 사회에서 제대로 이루어지고 있지 않기 때문에 나온 말이기도 하다.

맞벌이 부부에게 가장 부담이 되는 일은 여전히 출산과 육아다. 집에서 자녀를 양육할 사람이 없을 때 엄마나 아빠 중 누군가는 자신의 경력을 포기해야 하기 때문이다. 그러나 경력 관리 역시 중요하다. 어느 한쪽의 희생만 강요할 수는 없다. 그래서 타협책으로 아이 한 명만 낳는 경우도 늘어나고 있다. 아이를 안 낳는 것도 문제지만 낳으려던 이들까지 포기하게 되니 더 큰 문제다. 그래서 더욱 맞벌이 부부가 일과 가정을 모두 잘 세울 수 있도록 현실적인 육아 제도를 마련해야 한다.

직장인 육아의 필수, 어린이집

일하는 동안 아이를 안심하고 맡길 수 있는 어린이집이 직장 안에 있다면 어떨까? 맞벌이 부모들이 가장 선호하는 보육 시설이 바로 직장 어린이집이다. 회사와 가까우니 아이를 쉽게 데려다줄 수 있다. 자연스레 출퇴근도 편해지고, 긴급 상황이 발생하면 수습도 빨리할 수 있다.

또한 직장 어린이집은 대부분 생후 6개월 또는 만 1세부터 만 5세까지, 즉 미취학 유아의 보육부터 교육까지 제공한다. 어린이집에 다니다가 유치원으로 옮길 필요가 없고, 보육돌봄과 교육을 한 곳에서 일관되게 받을 수 있다는 것이 큰 장점이다.

현행 영유아보육법에 따르면 항상 근무하는 여성 근로자가 300명 이상이거나 근로자가 500명 이상인 사업장은 직장 어린이집을 의무적으로 마련해야 한다. 그러나 이 법을 따르지 않는 회사가 적지 않다.

직장 어린이집을 늘리기 위해서는 풀어야 할 과제가 많다. 장소가 필요하고 비용도 든다. 게다가 보육받을 영유아가 5명 이상 있어야 운영할 수 있기 때문에 현재는 직장 어린이집을 설치한 사업장 대부분이 대기업, 공공 기관, 정부 기관이다. 작은 회사에 다니는 근로자 입장에서는 직장 어린이집이 있는 큰 회사가 부러울 따름이다.

직장 어린이집을 설치하면 아이 때문에 일을 제대로 못 한다고 생각하는 사업주들도 적지 않다. 하지만 직장 어린이집이나 직장 내 보육 시설이 오히려 엄마와 아빠 모두에게 더 좋은 효과를 준다는 연구 결과도 많이 나와 있다.

가정이 안정되면 그만큼 일에 집중하기도 쉽다. 기업에서 자녀를 안심하고 맡길 수 있는 환경을 만들면 직원들의 업무 효율성을 높일 수 있다. 그뿐만 아니라 아이와 자신이 함께 다니는 회사에 대한 애착도 커질 것이다.

돌봄 서비스만으로 부족해

아이들은 원해서 어린이집이나 유치원에 가는 것이 아니다. 자녀가 어린이집, 유치원에 가기 싫다고 떼를 쓰면 부모는 죄책감을 느낀다. 그러나 어쩔 수 없다. 출근 시간 전에 데려다주려면 서둘러야 하기 때문이다.

맞벌이 부부들은 흔히 양가 부모님 또는 이웃에 도움을 요청하거나 아이 돌봄 서비스의 지원을 받으며 돌봄 공백을 메운다. 그럼에도 갑작스러운 야근, 출장이 생기거나 아이가 아파 어린이집을 보낼 수 없는 상황이 되면 아이를 맡길 곳을 찾느라 발을 동동거려야 하는 일이 많다. 그래서 아이가 초등학교에 들어가면 부모 중 한쪽은 회사를 그만둘

> **아이 돌봄 서비스**
>
> 맞벌이 가정이나 취업 한부모 가정, 장애 부모 가정, 다자녀 가정 등 양육 공백이 발생하는 가정에 육아 도우미가 찾아가 아이를 돌봐 주는 서비스. 갑자기 아이를 돌볼 수 없는 상황이 생겼을 때도 신청할 수 있다. 기본적으로 정부가 지원하는 서비스지만 소득 수준에 따라 다르게 지원한다.

생각까지 하게 된다. 초등학교는 유치원보다 하교 시간이 이르기 때문이다. 그러다 보니 아이들의 하교 시간과 부모들의 퇴근 시간 사이를 메우기 위해 사교육 시장으로 눈을 돌린다.

맞벌이 부부는 자녀를 키우면서 자신의 경력을 지키기까지 힘든 과정을 거쳐야 한다. 첫 번째는 출산 이후 육아 휴직이다. 육아 휴직에 대해 사회 전반적인 인식이 좋아져서 육아 휴직을 사용하는 사람이 늘어나고 있지만 아직 부족하다. 소규모 사업장에 근무하거나 계약직으로 일하는 근로자는 여전히 육아 휴직을 허가받지 못해 결국 퇴사하는 경우도 많다.

육아 휴직을 마치고 직장에 복귀하는 워킹 맘과 워킹 파파가 만나게 되는 두 번째 어려움은 종일형 어린이집이 많지 않다는 사실이다. 정부 규정대로 하면 오전 7시 30분에 자녀를 어린이집에 맡기고 오전 9시까지 회사에 출근한 뒤 오후 6시에 퇴근해 오후 7시 30분까지 자녀를 데리러 가면 된다. 하지만 이런 조건을 갖춘 어린이집이 얼마 없다. 어린이집에 들어가는 일 자체가 워낙 어려워 전쟁이라는 말이 나올 정도다.

두 번째 단계를 거치면 유치원이라는 세 번째 계단이 기다리고 있다. 유치원은 오전 중에 정규 수업이 끝난다. 따라서 늦은 오후까지 자녀를 봐주는 '방과 후 과정'을 신청해야 하는데, 방과 후 과정을 운영하지 않는 유치원도 많고, 있더라도 제한된 인원만 이용할 수 있다. 경쟁이 치열하다.

육아 휴직을 마치고 직장에 복귀하는 워킹 맘과 워킹 파파가 만나게 되는 두 번째 어려움은 종일형 어린이집이 많지 않다는 사실이다.

또 하나의 어려움은 초등학교에 입학할 때 다가온다. 초등학교 저학년의 하교 시간은 유치원보다 빠르다. 이 문제를 해결하려면 오후에 자녀를 돌봐 주는 '돌봄 교실'이라는 도우미를 만나야 한다. 돌봄 교실이란 초등학교 1~2학년 학생 중 돌봄이 필요한 학생들에게 정규 수업 이후 숙제도 봐주고 돌봐 주는 프로그램이다. 그런데 돌봄 교실을 이용하는 학생이 매년 늘어 2019년 29만 명을 넘어섰다. 교육부에서는 돌봄 교실을 늘리고 있지만 학교의 공간이 제한되어 있어 희망하는 학생을 다 수용하지 못하는 경우도 있고, 지역에 따라서는 돌봄 교실이 활성화되어 있지 않아 보내지 못하는 경우도 있다.

'아이 하나 키우는 데에 마을 전체가 필요하다'라는 말이 있다. 자녀 양육에는 수많은 손길이 필요하다는 의미다. 아이를 낳고 키우는 것은 아빠와 엄마, 가족의 문제지만 결국 사회 전체의 문제다. 잊지 말아야 한다.

아빠가 육아하는 사회 만들기

'아빠와 아이들이 함께하는 시간'은 아이들의 권리이기도 하지만 아빠의 권리이기도 하다. 그렇다면 아빠가 육아를 하기 위해 무엇이 필요할까? 함께 고민하고 실천해야 한다. 출산과 육아라는 전쟁에서 아빠는 든든한 지원군이자 동반자이기 때문이다.

한 손에 라테를, 다른 손에는 유모차를

초보 아빠가 된 연예인들이 어린 자녀들과 알콩달콩하게 사는 모습을 보여 주는 TV 프로그램이 있다. 처음에는 서툰 솜씨로 이유식을 만들거나 혼자서 땀을 뻘뻘 흘리며 목욕을 시키지만, 점점 익숙해져 아이를 잘 돌보는 모습을 볼 수 있다. 하지만 방송에서 보이는 모습은 아주 일부다. 현실의 육아는 그리 훈훈하지 않다.

방금 청소했는데 돌아보면 집안은 어질러져 있다. 생선을 먹던 아이의 목에 가시가 걸려 응급실에 가기도 한다. 혹시라도 아이가 미끄러운 욕실 바닥에서 넘어져 머리를 찧으면 큰일 난다. 아이 손을 잡고 산책할 때는 갑자기 차가 지나가지 않는지 온 신경을 써야 한다. 뜨거운 커피가 들어 있는 머그잔을 건드려 화상이라도 입으면 큰일이다. 아이를 키울 때 방심은 금물이다. 잠시 눈을 떼면 무슨 일이 일어날지 모르니 아이의 일거수일투족에 모든 주의를 기울여야 한다. 완벽한 슈퍼맨 아빠가 되려고 노력하지만 늘 서툴고 실수 연발인 초보 아빠를 벗어나기 힘들다. 그렇다면 아빠가 육아를 잘 실천하기 위해서는 무엇이 필요할까?

최근 남성의 육아 참여도가 높아지면서 우리나라에도 이른바 '라테 파파'가 늘고 있다. 아빠의 적극적인 육아 참여가 증가하고 있다는 뜻이다. 고용노동부가 발표한 자료에 따르면 2019년 아빠 육아 휴직자는 2만 2,297명으로 전체 육아 휴직자의 21.2퍼센트를 차지했다. 이는 공무원, 교사 등 고용 보험에 가입되지 않은 사람은 제외한 결과로 2018년 1만 7,665명보다 26.2퍼센트 증가한 수치다. 2009년에는 502명에 불과했던 남성 육아 휴직자가 10년 만에 2만 명을 돌파했고, 육아 휴직자

> **라테 파파**
>
> 육아에 적극적으로 참여하는 아빠를 이르는 신조어. 한 손에는 커피를 들고, 다른 한 손으로는 유모차를 끈다는 뜻으로 이렇게 부른다. 세계 최초로 남성 육아 휴직을 도입한 스웨덴에서 나온 말이다.

남성의 육아 참여는 선택이 아닌 필수다. 많은 아빠가 육아의 중요성을 이해하고 역할을 분담하는 일도 늘어나고 있다.

5명 중 1명은 아빠인 시대로 접어들었다.

　사실 남성의 육아 참여는 선택이 아닌 필수다. 많은 아빠가 육아의 중요성을 이해하고 역할을 나누어 맡는 일도 늘어나고 있다. 육아와 직장이라는 두 마리 토끼를 잡고, 아이에게 아빠의 존재를 확실히 알려 줄 수 있는 방법이다. 아이가 자라는 과정을 가까이 지켜보며 한 걸음 더 다가갈 수 있는 확실한 길은 바로 아빠 육아 휴직이다.

아빠의 육아 휴직을 정착시키려면

아빠 육아의 중요성은 TV나 유튜브를 통해 만들어진 단순한 유행이 아니다. 실제로 전문가들은 아이의 성장과 발달에 아빠의 육아가 큰 도움이 된다고 입을 모아 강조한다. 한 회사는 남성 육아 휴직자들의 일상을 광고로 담아내 많은 공감을 불러일으켰다. 광고 속 아빠들의 모습이 변화했듯, 현실에서도 아빠들이 조금씩 바뀌고 있다. 맞벌이 부부가 늘면서 '남자는 가정의 생계만 책임지면 된다'라는 고정 관념이 사라지고, '살림과 육아는 부부가 공동으로 분담하는 것'이라는 인식이 사회 전반에 퍼지고 있다.

　그러나 이런 제도가 있다는 사실을 알고 있어도 사내 분위기가 부정적이라면 선뜻 육아 휴직을 신청하기 어려울 것이다. 특히 공공 기관이 아닌 민간 사업장에서 남성이 육아 휴직을 신청하기까지는 어려움이 많다. 육아 휴직을 하는 아빠는 '전생에 나라를 구했다'는 쓸쓸한 농담이 나올 정도다. 육아 휴직을 신청한다 해도, 회사의 눈치를 보며 승진 누락이나 경력 단절 등의 문제를 걱정하는 현실이다. 따라서 육아 휴직 제도에 대한 사업주의 인식이 중요하다. 고용노동부는 사업주의 부담을 덜어 주는 정책을 통해 근로자들이 육아 휴직 제도를 자유롭게 활용할 수 있도록 지원하고 있다.

육아 휴직

육아 휴직 제도는 만 8세 이하 또는 초등학교 2학년 이하의 자녀를 둔 부모라면 누구나 사용할 수 있다. 여성이든 남성이든 상관없다.

근로자는 휴직 개시 예정일의 30일 전까지 필요한 사항을 신청서에 적어 사업주에게 제출해야 한다. 또, 사업주는 근로자가 육아 휴직을 신청하는 경우에 이를 허용해야 한다. 만약 근로자로부터 육아 휴직 신청을 받았음에도 허용하지 않는다면 사업주는 500만 원 이하의 벌금을 내야 한다.

아빠의 육아 휴직을 자연스러운 사회 현상으로 만들려면 롤모델이 많이 나와야 한다. 대표적인 SNS인 페이스북의 최고 경영자CEO 마크 저커버그는 2015년과 2017년 두 딸이 태어났을 때 각각 2개월씩 육아 휴직을 신청해 화제가 되었다. 세계에서 가장 바쁜 사람 중 하나인 페이스북의 창업자가 2개월 동안 자리를 비운 것은 확실히 큰 결단이다. 최대 4개월까지 육아 휴직을 지원한다는 사내 규정이 있었지만, 최고 경영자의 실천은 사원들에게 큰 영향을 줬을 것이다.

맞벌이 가정에서 아빠 육아 휴직을 고민하는 가장 큰 이유는

페이스북의 최고 경영자 마크 저커버그는 두 딸이 태어났을 때 각각 2개월씩 육아 휴직을 신청했다.

복지로 모두의 인권을 지킨다면

무엇일까? 보통 엄마보다 아빠의 수입이 많기 때문이다.^{이는 성평등}
^{이라는 주제와도 뗄 수 없는 문제다} 그래서 아빠가 휴직하면 커지는 경제적 부담을 무시할 수 없다. 아빠 육아 휴직이 확대되려면 경제적 문제도 해결되어야 한다.

아빠들이 육아 휴직을 의무적으로 사용하도록 제도를 만드는 방법도 고민해야 한다. 스웨덴의 경우, 아빠가 사용하지 않으면 없어지는 유급 육아 휴직 기간을 90일로 정하고, 이 기간에는 세금을 줄여 준다. 세금 감면이라는 혜택을 통해 아빠 육아 휴직이 가정 경제에 위협이 되지 않도록 배려한 것이다. 이렇게 국가에서 먼저 제도적인 부분을 정비하고 육아 휴직 신청을 법으로 강제한다면 아빠 육아 휴직은 점차 늘어날 것이다.

아빠의 달

우리나라에서도 아빠 육아 휴직을 사용하는 분위기를 만들고 육아 휴직으로 인한 소득 감소의 부담을 덜어 주기 위해 제도를 만들었다. 바로 '아빠의 달'이다. 다른 말로 '아빠 육아 휴직 보너스제'라고도 하는데 엄마가 육아 휴직을 사용한 뒤, 같은 자녀에 대해 아빠가 육아 휴직을 신청하면 첫 3개월 동안 육아 휴직 급여로 통상 임금^{기본급과 각종 수당을 포함해 정기적으로 지급되는 임금}을 모두 지원한다. 앞에서도 여러 번 말했지만 경제적인 부담이 줄어들어야 육아 휴직을 적극적으로 사용할 수 있기 때문이다.

육아는 부부가 함께할 때 더 좋다. 그래서 고용노동부에서는 부부가 동시에 쓸 수 있는 육아 휴직 제도도 마련했다. 그동안에는 아이를 낳아도 부부가 함께 육아 휴직을 사용할 수 없었을뿐더러, 어렵게 동시 휴직이 가능하더라도 육아 휴직 급여는 부부 중 1명에게만 지급되었다. 결국 부모 중 육아 휴직을 신청한 1명에게 육아 부담이 가중되는 '독박 육아'가 일상적인 현상이 되었고, 이는 경력 단절 같은 부정적 결과로 이어졌다. 다행히 2020년 2월 28일부터 부부가 동시에 육아 휴직을 할 수 있도록 하는 부부 동시 육아 휴직 제도가 생겼다. 일하면서 아이 키우는 것이 행복한 나라를 위해 우리나라 정부에서도 노력하고 있다.

진로 찾기 **가사 조사관**

배우자나 친족 사이에서 생기는 분쟁 사건을 가사 사건이라고 한다. 이런 분쟁은 복잡한 감정이 얽혀 있는 경우가 많아, 근본적인 원인을 찾기 어렵다. 겉으로 드러난 분쟁 사실뿐만 아니라 심리 상태, 가정 상황, 문제가 발생한 진짜 이유 등을 빈틈없이 조사해야 한다. 이를 위해 가사 조사관이 필요하다.

가사 조사관은 가사 소송 사건이 생겼을 때 사실 확인을 하는 공무원이다. 가정에서 일어나는 다양한 불화와 폭력의 사실 관계를 조사한다. 이들은 가정 법원에서 사건을 최종 판결하는 판사의 명에 따라 현장에 참여한다. 사건 당사자들의 생활 환경이나 가족 관계, 성장 환경, 정신 상태 등 분쟁의 원인이 될 만한 요소를 꼼꼼하게 확인한다. 갈등을 겪는 양쪽의 주장과 답변을 모두 듣고 상황을 객관적으로 파악하는 일도 해야 한다. 이를 통해 양육권, 재산권 등에 대한 최종 판결에 근거가 되는 자료를 만든다. 사건 당사자가 상담 기관에서 상담을 받도록 연결해 주고 관리할 때도 있다.

1990년대까지는 가사 조사관이 되려면 법학을 전공해야 했다. 그런데 가사 조사관이 만나고 조사하는 사람은 주로 가족 안에서 어려움을 겪는 사람들이다. 가족 사이의 분쟁은 갈등 관계와 내면적 문제가 온전히 드러나지 않는다. 따라서 인간에 대한 풍부한 이해와 지식이 필요하다. 이에 따라 2001년부터는 가사 조사관의 자격 요건이 바뀌었다. 가사 조사관이 되려면 사회학, 심리학, 교육학, 사회복지학 등 인간관계를 다루는 학문을 전공해야 한다.

가사 조사관은 어려움에 처한 사람을 직접 대하는 직업이다. 사람에 대한 관심은 물론 상대방의 이야기를 경청하는 자세, 객관적인 판단력, 따뜻한 마음 등이 필요하다. 병원, 사회복지 기관, 상담소 등에서 일한 경험이 있다면 업무에 도움이 된다.

6장

노인 복지,
100세 시대
준비하기

누구나 노인이 된다는 사실을 기억하자.
새로운 세대를 위해 노인 복지의 방향을 전환해야 한다.

고령화 사회, 왜 문제일까?

최근 우리 사회가 맞닥뜨린 과제를 이야기하다 보면 누구나 '고령화'를 꼽는다. 고령화는 노인 인구의 비율이 높아지는 현상으로, 우리 사회의 모든 분야에서 나타나는 문제의 원인이라 할 수 있다. 고령화는 지금 우리가 해결해야 하는 가장 중요한 과제다.

고령화 사회, 고령 사회, 초고령 사회

고령화 사회, 고령 사회, 초고령 사회를 구분하는 기준은 무엇일까? 유엔에 따르면 65세 이상 인구가 전체 인구에서 차지하는 비율이 7퍼센트 이상이면 고령화 사회라고 한다. 65세 이상 인구가 차지하는 비율이 14퍼센트 이상이면 고령 사회, 20퍼센트 이상까지 올라가면 초고령 사회로 구분한다.

2020년 세계 3대 신용 평가 기관S&P, 무디스, 피치. 국가와 기업의 신용을 평가하는 회사다 중 하나인 무디스는 고령화가 전 지구의 문제임을 극명하게 보여 주었다. 무디스에 따르면 일본, 독일, 이탈리아가 이미 초고령 사회에 들어갔다고 한다. 또한 2030년에는 무려 34개 나라가 초고령 사회에 접어들 것이라고 한다. 무디스는 전 세계적인 초고령화 추세가 결국 생산 가능 인구15~64세에 해당하는 사람의 수의 감소로 이어져 세계 경제를 위협하는 주요 요인이 될 수 있다고 설명했다.

고령화는 전 세계 많은 나라의 문제지만, 사실 가장 심각한 곳은 우리나라다. 경제협력개발기구에서는 "한국은 그동안 가장 젊은 나라였지만, 앞으로 50년 안에 가장 늙은 나라로 바뀔 것이다"라고 전망했다. 유엔 보고서 역시 한국이 2026년에 초고령 사회에 접어들 것으로 바라본다. 2000년 고령화 사회가 되었는데, 겨우 26년 만에 초고령 사회가 되는 것이다. 이는 세계에서도 유래를 찾기 어려운 속도다. 미국, 영국 등 서구 국가들이 고령화 사회에서 초고령 사회로 바뀌는 기간이 100년 안팎으로 전망된다는 점을 생각하면 아주 가파른 속도다. 위험한 일이다.

게다가 2020년은 우리나라 '인구 절벽 시대'의 첫해로 기록되었다. 연간 인구 자연 증가율인구가 자연스럽게 늘어나는 비율. 출생률에서 사망률을 빼는 방법으로 구한다이 줄어들기 시작한 것이다. 이른바 '데드 크로스사망자 수가 출생자 수보다 많아 인구가 줄어드는 현상' 시대로 접어들었다고 할 수 있다.

고령화가 불러오는 문제들

고령화는 경제가 성장하지 못하도록 막는 가장 큰 원인이다. 우리나라의 생산 가능 인구는 2016년 정점을 찍은 이후 급격히 줄고 있다. 이대로 2060년이 되면 생산 가능 인구가 전체의 49.7퍼센트 수준으로 떨어진다. 경제 활동을 할 수 있는 사람이 줄어들면 실질 성장률_{물가의 변동에 의한 영향을 수정한 실제적인 국민 소득}이 급격히 떨어진다. 현재 3.6퍼센트 수준인 실질 성장률이 2060년에는 0.8퍼센트까지 내려갈 것으로 예상된다.

고령화는 보건과 의료라는 측면에서도 심각한 문제 중 하나다. 우리나라의 치매 환자 증가율은 세계에서 가장 빠르다고 한다. 한국생물공학회에 따르면 2013년 613만 명이던 노인 인구가 2024년에는 984만 명 수준으로 늘어난다. 그런데 문제는, 같은 기간 치매 환자가 늘어나는 속도다. 2013년 57만 명에서 2024년 무려 101만 명으로 늘어난다. 이러한 수치를 보면 2030년이 되면 우리나라 노인 7명 중 1명은 치매 환자라는 결론에 이른다.

국가 재정을 생각해도 문제가 크다. 국회예산정책처에 따르면 2014년 26.5퍼센트였던 노년 부양비_{15세 이상 64세 미만의 인구에 대한 65세 이상 인구의 비율}가 2040년에는 57.2퍼센트로 늘어날 거라고 한다. 급속한 고령화 때문이다. 연금과 복지 분야의 지출이 늘어나면 국가 재정에 큰 부담을 준다. 2013년 국내 총생산^{GDP} 대비 37.0퍼센트였던 정부의 빚은 2030년 58.0퍼센트, 2060년 168.9퍼센트로

고령화는 우리 경제가 성장하지 못하도록 막는 가장 큰 원인이다.

늘어날 것으로 예상된다.

이처럼 고령화는 우리 사회의 다양한 영역에 영향을 미친다. 이에 따라 관련 분야 전문가와 언론은 물론이고 일반인들도 고령화 문제에 관심을 집중하고 있다. 해결할 방안을 서둘러 찾아야 할 때다.

나이 들어도 행복한 사회

인구 정책이 성공하기 위해서는 30년 전에 시작해야 한다는 말이 있다. 인구 정책의 효과는 30년이 지나야 나타난다는 뜻이다. 이 말에 따르면 이미 늦었는지도 모른다. 고령화 때문에 생길 문제를 해결할 수 있는 시점은 이미 오래전에 지난 걸까? 하지만 포기하지 말자. 다르게 생각하면 30년 후의 문제를 해결할 때는 당장 지금이다. 그렇다면 고령화 문제에 우리는 어떠한 준비를 하고 어떻게 대처해야 할까?

노인도 일하고 싶다

나이가 들어도 사회 활동을 계속할 수 있다면 얼마나 좋을까? 고령화 문제에 대처하는 방법 중 하나는 노인이 일할 수 있는 일자리를 마련하는 일이다. 노인들도 사회에서 자신의 역할을 찾고 일할 수 있도록 해야 한다. 일자리 제공은 노인의 사회적 활동을 돕는다. 2020년 5월 기준 통계청 자료에 따르면 우리나라의 65세 이상 인구 비율은 15.7퍼센트로 대략 800만 명이 된다. 이 중 취업자가 얼마나 되는지 알 길은 없으나 아주 적을 것으로 생각된다.

노인의 일자리 부족이 사회 문제로 주목받은 지 꽤 오래되었다. 현재 노인 일자리 구하기는 그야말로 '하늘의 별 따기'다. 그나마 일자리가 있다고 해도 거의 아르바이트 수준에서 벗어나지 못하는 것 같다. 받는 돈이 한 달 평균 35만 원에 불과해서 일하며 버는 돈을 생활비로 삼기에 턱없이 부족하다. 즉, 경제적 자립을 하기에는 한계가 있다. 한국노인인력개발원의 보고서에 따르면 2018년 기준 60세 이상 고령자 중 안정적으로 보수를 받는 근로자는 53퍼센트밖에 되지 않았다. 또한 전체 고령자 4명 중 1명25.2퍼센트은 시간제 일자리, 즉 아르바이트 형태의 일을 하고 있었다. 임금 근로자라 해도 대다수가 직위나 직책이 없는 비정규직이었고, 임금 근로자가 속한 회사 규모도 30인 미만 영세 사업장이 76.4퍼센트를 차지했다.

일자리 성격도 풀 뽑기나 재활용품 정리 같은 단순노동이 대부분이다. 노인 일자리가 변변치 않다 보니, 70대 이상 소득 하위 20퍼센트 가운데 절반가량이 일해서 번 돈보다 국민연금, 기초

고령화 문제에 대처하는 방법 중 하나는 노인에게 일자리를 제공하는 것이다.

노령 연금 등의 지원금에 생활을 의존하고 있다.

가장 큰 문제는 일자리를 찾는 노인은 점점 많아지는데 일자리는 그만큼 늘지 못했다는 점이다. 지난 3년간2016~2018년 기업에서 만드는 민간 분야의 노인 일자리는 2016년 9만 9,000개전체 일자리의 23퍼센트에서 9만 2,000개18.5퍼센트, 8만 7,000개16퍼센트로 계속 줄었다. 정부가 제공하는 공공 분야의 일자리가 꾸준히 늘어나고는 있지만 고용 상황이 나아졌다고 말하기 어려운 상황이다.

64세에서 65세로 넘어가는 노인이 1년에 약 40만 명인데, 일자리는 1년에 10만 개밖에 늘지 않으니 턱없이 부족하다.

그리고 지역의 특색을 살리는 지자체 중심의 일자리도 많이 만들어져야 한다. 노인 생산품을 브랜드화하고 지자체와 협력해 판로를 개척하는 것도 필요하다. 예를 들어 대한노인회 용산구지회에서는 콩나물과 두부를 생산하는데, 구청에서 학교나 요양원 등을 연결해 준다.

또한 단순히 노인의 생계비를 위해서만이 아니라 은퇴 전 쌓았던 경력을 활용한 사회 참여나 능력 개발에 초점을 맞춘 정책도 필요하다. 노인이 노인을 책임지는 '실버 커뮤니티'가 활성화되면 노인 일자리 문제는 질적으로도 성장할 수 있을 것이다. 즉, 창업에 성공한 노인이 다른 노인을 직원으로 채용할 경우 서로 잘 이해할 수 있다는 점이 장점으로 작용한다.

대부분의 나라가 정년을 연장하고 있다. 정년 연장은 우리나라도 가야 할 방향이지만 고려해야 할 점이 많다. 특히 우리나라처럼 2030세대의 실업률이 높은 상황에서는 사회적 합의를 이끌어 내기 쉽지 않다. 시기와 방법 등을 논의해야 한다.

현재 우리나라의 임금 피크제도 문제가 많다. 임금 피크제란 일정한 나이가 된 노동자의 임금을 줄이는 대신 정년까지 고용을 보장하는 제도다. 즉, 근로자의 정년을 보장해 주는 대신 임금을 줄여 나간다. 그런데 임금이 줄어든 만큼 채용을 늘리지 않는다는 점이 문제다. 오히려 조직 활력은 떨어지고, 신규 일자리가 늘어나는 효과도 미흡하다. 고령자 입장에서는 차별을 받아 생산성이 떨어지고 동기 부여가 안 된다는 점이 문제로 떠오른다. 이를 해결하기 위해서는 고령자의 고용 형태나 근로 조건을 유연하게 바꿔야 한다. 시간제 근무를 택하게 하거나 상대적으로 업무가 쉬운 자리로 전환할 수 있게 해야 한다.

고용 지원금도 확대해야 한다. 새롭게 고령자를 채용했을 때뿐만 아니라 정년 후의 근로자를 재고용했을 때 줄어드는 소득을 상쇄해 주는 제도까지 보완하면 기업도 개인도 만족할 수 있을 것이다. 물론 현실적으로 어려운 문제다. 따라서 고령자에 맞는 직종과 직무를 개발하고 그에 맞게 훈련하는 방향으로 노인 복지의 초점을 옮겨야 한다.

사실 일자리는 정부가 혼자 만들 수 없다. 그러니 정부에서 기업체가 투자할 수 있는 환경을 만들어 주면 일자리가 생길 것이다. 기업에서 필요한 노인 인력을 양성하는 맞춤형 프로그램을 만들고 채용하는 시스템을 갖추면 좋겠다. 그러나 기업에서 정부 지원이나 요청을 받고 일자리를 만든다 해도 고령층을 고용할 때는 부담이 있다. 노인의 안전과 건강 문제를 고려하지 않을 수 없기 때문이다. 이러한 문제점을 정부, 기업, 국민이 함께 고민한 다면 양질의 일자리가 꾸준히 존재하는 건전한 사회 구조를 만들 수 있을 것이다.

노인들의 삶의 질은?

우리나라는 노인 문제에 꾸준한 관심을 가지고 노력하고 있다. 정부에서는 2018년 12월 발표한 '저출산·고령 사회 정책 로드맵'을 통해 모든 세대의 삶의 질을 올리고, 성평등을 구현하며, 인구 변화에 적극적으로 대비하겠다는 뜻을 밝혔다. 이러한 정책에 노인들은 실제로 만족하고 있을까? 기본적인 삶의 질을 유지하며 행복하게 살아갈 만한 지원이 이루어지고 있을까?

안타깝게도 그렇지 않아 보인다. 우리나라 66세 이상 은퇴 연령층의 상대적 빈곤율중위 소득 50퍼센트 이하은 경제협력개발기구 가입국 중 가장 높다. 65세 이상 고령 인구는 812만 5,000명에 달하는데 고령자의 절반 정도만 본인의 노후를 대비하고 있었다.

지난 2017년 기준 한국의 상대적 빈곤율은 44퍼센트에 달했다. 프랑스3.6퍼센트, 노르웨이4.3퍼센트, 독일10.2퍼센트, 캐나다12.2퍼센트 등

중위 소득

전 국민을 100명이라고 가정할 때 소득 규모가 50번째에 해당하는 사람의 소득을 중위 소득이라고 한다. 다시 말해 전체 가구를 소득순으로 나열했을 때 정확히 가운데를 차지한 가구의 소득을 말한다. 이는 소득 계층을 구분하는 기준이 된다. 중위 소득의 50퍼센트 미만은 빈곤층이며 50~150퍼센트는 중산층, 150퍼센트 초과는 상류층으로 분류한다.

상대적 빈곤율

상대적 빈곤율이란 소득이 중위 소득의 50퍼센트 미만인 계층이 전체 인구에서 차지하는 비율을 말한다. 상대적 빈곤율이 높다는 것은 그만큼 상대적으로 가난한 국민이 많다는 말이며, 부의 불균형 현상이 심한 사회라는 뜻이다.

주요국과 비교할 때 월등히 높은 수준이다. 2018년에는 43.4퍼센트로 낮아져 분배 지표가 점차 개선되고 있지만 갈 길은 아직 멀다.

주요 선진국과 비교해 보면 우리나라 노인층의 빈곤율은 거의 2배 이상 높다. 인구 고령화는 날로 심각해지지만 노후 준비를 하고 있거나 마친 노인은 절반에도 미치지 못했다.

삶의 만족도를 올리려면

'2020년 고령자 통계'에서 고령자 4명 중 3명은 현재 자신의 삶에 만족하지 못한다고 답했다. 자신의 삶에 만족한다는 답변은 25퍼센트에 불과했다. '보통'이라고 응답한 비율은 50.3퍼센트, '불만족'이라고 답한 비율은 24.7퍼센트에 달했다. 전체 연령대와 비교해 더 낮은 삶의 만족도다. 게다가 그 격차는 2019년보다 3.2퍼센트 늘어났다. 노년기로 갈수록 삶에 대한 만족도가 눈에 띄게 떨어지는 현상도 볼 수

주요 선진국과 비교하면 우리나라 노인층의 빈곤율은 거의 2배 이상 높게 나타난다.

있다. 노인의 삶이 행복하지 않은 이유는 무엇일까? 개인적으로 노년기를 대비하지 못했고 정부의 지원도 충분치 않기 때문이다.

한국인의 기대 수명어떤 사회에 태어난 사람이 앞으로 생존할 것으로 기대되는 평균 기간은 다른 나라에 비해 빠르게 늘어났다. 1960년 52.4세에 불과했던 기대 수명이 1990년에는 71.4세, 2019년에는 82.4세로 늘었다. 하지만 지금까지 살펴본 대로 우리나라의 노인 지원 정책은 은퇴 후 100세 시대를 살아가는 현시점에서 부족하다. 어떻게 해야 행복한 노년을 보낼 수 있을까? 특별히 부족함 없이 지내기 위한 수입은 어떻게 마련할 수 있을까?

일반적으로 노년기에 받게 되는 돈은 정부에서 지급하는 기초 연금과 개인이 은퇴 후 받을 수 있는 국민연금이다. 하지만 이 두 가지만으로 일상을 살아가기는 쉽지 않다.

2021년 1월부터 노인 혼자 사는 가구의 소득 인정액실제 소득과 재산을 소득으로 환산한 금액을 합산한 금액이 월 169만 원 이하면 기초 연금을 받을 수 있게 되었다. 그러나 기초 연금은 월 최대 30만 원이다. 국민연금 또한 충분치 않다. 국민연금 공단에 따르면 2020년 상반기에 514만 명이 연금을 수령했는데 월 평균 53만 6,000원을 받았다. 이 또한 국민연금에 가입하고 20년 이상 돈을 냈던 사람이 받은 금액이다. 하지만 은퇴 전에 국민연금에 가입하지 않았거나 국민연금을 20년 이상 내지 않았다면 받을 수 없다.

만약 국민연금에 가입했고 월 소득이 169만 원 이하라면 기초 연금 30만 원과 국민연금 53만 원을 받을 수 있다. 그렇다면 83만 원은 노인 1명이 생활하기에 충분한 금액일까? 국민연금연구원에서 조사한 바에 따르면 서울에서 1인 가구가 생활할 수 있는 적정 생계비는 2019년 기준 142만 6,000원이었다. 83만 원으로는 서울에서 생활할 수 없다는 결론이 나온다.

결국 직장 은퇴 후의 삶은 정부의 정책에만 기대기 어렵다. 개인이 은퇴 후를 준비해야 하는 실정이다. 사회적으로 이를 보완할 방법이 없을까? 의무적으로 가입해야 하는 국민연금과 다르게 퇴직 연금과 개인 연금은 개인의 선택이다. 여러 가지 개인 연금과 퇴직 연금을 이용해 현금의 흐름을 만들어 놓으면 소득 공백 기간의 문제를 어느 정도 해결할 수 있다. 따라서 정부에서는 이를 의무적으로 가입해야 하는 영역으로 옮겨야 한다. 기초 연금과 국민연금 외에 퇴직 연금과 개인 연금을 의무적으로 가입할 수 있도록 제도화해야 한다.

우리는 누구나 노인이 된다. 노년기에 대한 준비는 빠를수록 좋다. 우리 정부도 이제 새로운 노인 세대, 이전과 달리 젊고 건강한 노인 세대를 위해 노인 복지의 방향을 전환해야 할 것이다.

진로 찾기 **노인여가활동지도사**

우리나라는 2020년 인구 절벽 시대를 맞이했다. 태어나는 사람보다 노인이 더 많아진 것이다. 65세 이상의 비율이 점점 높아져 고령 사회가 되었고, 조만간 초고령 사회로 진입할 것으로 보인다.

그에 따라 노인 복지의 중요성이 높아지고 있고, 그 분야도 더욱 세분화되고 있다. 노년층을 대상으로 상품과 서비스를 판매하는 실버 산업 역시 앞으로 점점 더 활성화될 전망이다.

노년층이 즐길 만한 여가 활동을 제공하는 일도 노인 복지의 하나로 꼽힌다. 취미 활동은 은퇴 후에 사회적인 단절을 겪는 노인이 무기력과 우울증을 해소할 수 있도록 돕는다. 다른 이들과 친목을 도모하면서 상실감을 달래고, 신체 활동을 하며 활력을 찾고 건강을 유지할 수도 있다.

노인여가활동지도사는 노인의 삶의 질을 높일 수 있는 여가 활동을 개발하고 보급하는 일을 한다. 아직 낯선 직업이지만 미래 사회에서는 더욱 찾는 사람이 많아질 것으로 보인다. 주로 지역의 복지 센터나 문화 센터, 재활원 등에서 근무하며 노인을 위한 레크리에이션이나 각종 프로그램을 만들고 진행한다. 노인이 가진 지식, 경험, 기술 같은 재능을 발휘할 수 있는 사회 공헌 프로그램을 만들기도 한다. 재능 기부나 자원봉사 등 다양한 형태로 사회에 참여할 수 있도록 돕는 일이다. 컴퓨터, 예술, 기술 등 다양한 분야를 배울 수 있는 기회를 마련해 노인의 사회 활동 욕구를 높이는 역할도 맡는다.

노인여가활동지도사가 되고 싶다면 관련 자격증을 따면 되는데, 현재는 민간 자격증만 있다. 교육 과정을 마치고 시험에 합격하면 자격증이 주어진다. 학력이나 나이, 성별의 제한 없이 누구나 지원할 수 있다.

7장

노동 복지,
안심하고
일할 권리

산재 보험의 사각지대를 줄여야 한다.
일하는 사람은 모두 산업 재해에서
보호받을 권리가 있기 때문이다.

갑자기 일자리를 잃었을 때

누구나 행복한 삶을 살고 싶어 한다. 하지만 삶에 행복한 일만 있지는 않다. 질병, 장애, 실직, 빈곤, 재해와 같은 위험이 언제든 생길 수 있기 때문이다. 이러한 위험은 개인의 힘으로 해결하기 어려우므로 한 사람의 안정적인 삶을 위협할 뿐만 아니라 사회 문제로도 이어질 수 있다.

어려워진 회사 사정으로 갑작스럽게 일자리를 잃게 된 A씨, 앞길이 막막하다. 요즘 같은 불경기에 새로 일을 구하려면 적어도 6개월 이상 걸릴 것 같은데, 그동안 어떻게 생활해야 할지 걱정이 앞선다. 더 이상 월급도 나오지 않을 테니 각종 공과금을 내고 생활비를 쓰기도 힘들 것 같다. 그러던 중 A씨는 회사에 다닐 때 들어 둔 '고용 보험'을 떠올렸다. 고용노동부에 전화한 A씨의 얼굴에 미소가 번진다. 무슨 일이 생긴 걸까?

실직자를 위한 고용 보험

A씨가 가입한 고용 보험은 실직한 노동자와 가족의 생활을 안정시키고 실직자의 재취업을 지원하기 위한 사회보장제도다. 고용 보험은 외환 위기_{정부가 가진 달러가 부족해 나라가 큰 어려움을 겪는 일. 우리나라는 1997년 외환 위기를 겪었으며 국제 통화 기금의 지원을 받아 고비를 넘겼다}와 금융 위기_{2008년 미국에서 발생한 경제 위기로, 전 세계에 영향을 미쳤다}를 거치며 더욱 중요한 제도가 되었다. 직장을 잃는 사람이 많아지면서 고용과 노동에 대한 위기감이 커졌기 때문이다. 고용 보험에 가입한 근로자가 직장을 잃으면 재취업을 위한 실업 급여를 포함해 다양한 지원을 받는다.

고용 보험은 건강 보험, 국민연금, 산업 재해 보상 보험과 함께 4대 사회 보험이라 불린다. 4대 보험에 가입되어 있다면 고용 보험에도 당연히 가입되어 있다고 할 수 있다. 이 제도의 바탕이 되는 고용 보험법은 1993년에 제정되고 1995년부터 시행되었다. 고용 보험의 혜택을 누리려면 가입한 기간이 최소 180일 이상이어야 한다. 즉, 약 6개월 이상은 근무해야 혜택을 받을 수 있다.

고용 보험은 노동자가 갑작스럽게 직장을 잃더라도 최소한의 생활을 할 수 있게 보장한다. 시험 공부나 자격증 취득과 같이 직업 능력을 개발하는 데도 도움받을 수 있다. 안정적으로 다음 일자리를 구할 수 있도록 돕기 위해서다. 이는 능력 있는 직원을 찾는 회사에도 도움이 되며, 고용 시장이 활발해지는 효과를 낳는다. 국가 차원에서는 경제와 사회가 발전하는 결과로 이어진다.

고용 보험은 어떤 역할을 할까?

앞에서 이야기했듯 고용 보험은 근로자를 위한 사회 보험이다. 따라서 근로자와 해당 근로자를 고용한 사업주의 소득으로 운영된다. 1998년 10월 1일부터 근로자가 한 명이라도 있는 사업주는 의무적으로 고용 보험에 가입하고 있다.

고용 보험의 첫 번째 역할은 바로 '고용 안정'이다. 즉, 고용이 안정적으로 이루어지도록 지원한다. 회사가 어려워져 직원의 수를 줄이거나 조정해야 하는 상황이 되었다고 하자. 그래도 직원을 해고하지 않고 회사를 잠시 휴업하거나 근로자의 고용을 유지하면 고용 유지 지원금이 나온다. 취업이 힘든 장애인이나 여성 가장을 채용하는 회사에는 고용 촉진 지원금이 주어진다. 고용 환경을 개선하거나 근무 형태를 변경해 일자리를 만든 회사에는 고용 창출 지원금이 나온다.

두 번째 역할은 근로자의 능력을 개발하는 것이다. 직원에게 직업 능력 개발 훈련을 실시하는 회사에는 훈련 비용을 지원한다. 근로자 스스로 직무 능력을 올리기 위해 외부에서 교육받을 경우에도 일부 비용을 지원한다. 실직자, 비정규직 근로자 등이 취업 훈련을 받을 때는 훈련비와 훈련 수당이 함께 나온다.

세 번째 역할은 실업 급여다. 실업 급여는 고용 보험에 가입한 사람이 실직했을 때, 재취업을 준비하는 기간에 주는 돈이다.

고용 보험의 네 번째 역할은 육아 휴직 급여다. 고용 보험에 180일 이상 가입한 근로자가 출산 전후 휴가를 쓴다면 출산 전후 휴가 급여를 신청해 받을 수 있다.

고용 보험의 가장 큰 혜택, 실업 급여

잘 다니고 있던 직장이 한순간에 사라지면 어떤 마음일까? '생계-직장=0'이라는 말처럼 대부분의 사람에게 직장은 삶과 직결되어 있다. 직장을 강제로 그만두게 되었다면 당장의 수입이 사라져 생활에 타격을 입게 되고, 그러면 다시 일어설 힘이 부족해진다.

이럴 때를 위해 실업 급여가 있다. 실업 급여는 실직한 근로자가 재취업할 수 있도록 돕는 제도다. 일정 기간 돈을 주면서 당장 먹고살 걱정 없이 재취업을 준비하도록 도와준다. 실업 급여라는 제도가 없다면 회사를 떠난 즉시 급하게 일자리를 찾아야 한다. 나에게 잘 맞는 일자리를 찾아볼 겨를도 없을 것이다. 실업 급여는 고용 보험의 핵심이라고 말할 수 있다.

그러나 회사를 그만둔 사람 모두에게 실업 급여를 주지는 않는다. 당연히 실업 급여를 받을 수 있는 조건이 따로 있다. 우선 실직하기 전에 고용 보험에 가입했어야 한다. 얼마나 오래 유지

실업 급여는 실직한 근로자가 재취업 활동을 할 수 있도록 돕는 제도다.

했는지도 중요한데, 이직하기 전 18개월 이내에 180일 이상 고용보험에 가입되어 있어야 한다. 그리고 퇴사 후에는 다시 취업하기 위해 적극적으로 노력해야 한다. 회사에 가서 면접도 보고, 고용 센터에 나와 강의도 듣는 등 취업을 위해 노력한다는 점을 증명해야 한다. 만약 스스로 퇴사를 선택했다면 실업 급여를 받을 수 없다. 즉, 비자발적인 퇴사일 때만 실업 급여가 나온다.

실업 급여로 얼마를 받을 수 있을까? 퇴직 전 평균 임금의 60퍼센트가 기준이지만 상한액과 하한액이 있다. 따라서 월급이 적었어도 일정 금액 이상 받을 수 있으며 이전에 받던 급여가 아무리 많았어도 일정 금액 이상 받지는 못한다. 그래서 실업 급여의 금액 차이는 크지 않다. 받을 수 있느냐 없느냐가 중요한 부분이다.

스스로 회사를 나왔는데 실업 급여를 받는 사람이 있고 해고되었지만 실업 급여를 못 받는 사람도 있다. 어떻게 된 일일까? 그럼 지금부터 자발적으로 퇴사했는데도 실업 급여를 받을 수 있는 사례를 알아보자. 먼저 정년직장에서 물러나도록 법적으로 정해진 나이이 되었거나 '계약 기간의 만료'로 회사를 계속 다닐 수 없는 경우다.

또 회사가 연장 근로 제한을 위반한 경우를 들 수 있다. 일주일에 연장 근로 시간이 12시간을 넘으면 근로 기준법 제53조에 위반된다. 예를 들어 1년에 2개월9주 이상 일주일에 52시간 넘게 일했다면 정당한 퇴사로 인정된다. 따라서 실업 급여를 받을 수 있다.

권고사직을 당해 회사를 그만둘 때도 자발적 퇴사로 처리되는 일이 많지만, 만약 경영 악화 같은 사유가 있다면 실업 급여를 받을 수 있다. 최근 코로나19로 운영이 어려워진 많은 기업에서 희망 퇴직본인의 의사에 따라 퇴직하는 일. 또는 회사에서 직원을 줄이기 위해 퇴직 희망을 물은 뒤 해고하는 일을 권유했다. 일방적으로 해고할 수는 없으므로 서로 합의해 퇴사하도록 한 것이다. 이때는 자발적 퇴직이라도 실업 급여를 받을 수 있다.

회사에서 처음 직원을 뽑을 때 제시했던 근로 조건을 지키지 않는 경우가 있다. 또는 평소에 일하던 근로 조건에 비해 퇴직할 때 근로 조건이 안 좋아질 수도 있다. 법으로 정해진 최저 시급을 못 받는 일도 여기에 해당된다. 이런 상황이 1년 안에 2개월 이상 생겼다면 자발적으로 퇴사하더라도 실업 급여를 받을 수 있다. 그런데 만약 '월급을 적게 받아도 나는 괜찮다'고 동의했다면 자격이 안 된다.

당연히 임금이 밀려서 그만두는 경우도 실업 급여 조건에 해당된다. 마땅히 받아야 할 돈을 받지 못하고 미루는 일이 1년에 두 번, 2회 이상 있었다면 실업 급여를 받을 수 있다. 급여의 30퍼센트 이상을 늦게 받는 경우가 연속 2개월 이상일 때도 실업 급여를 받을 수 있다.

그 외에 출퇴근 시간이 왕복 3시간 이상 걸릴 때, 가족을 돌봐야 할 때, 본인의 체력 부족이나 질병 등의 이유로 인한 자발적 퇴사도 실업 급여를 받을 수 있다. 단, 퇴사 전에 먼저 업무 전환이나 휴직 신청을 했는데 회사에서 받아들이지 않았어야 한다. 또한 의사 소견서 같은 자료를 통해 객관적으로 증명할 수 있어야 한다.

반대로 비자발적인 퇴사인데도 실업 급여를 못 받을 수도 있다. 직무와 관련된 범죄를 저질렀거나 사업주에게 막대한 재산상 손해를 끼친 경우, 회사의 기밀을 누설한 경우가 그렇다. 또는 무단으로 오랫동안 빠진 것과 같이 근로 계약을 위반했을 경우에는 해고되더라도 실업 급여를 받을 수 없다.

기본 소득으로 평생 먹고살 수 있다면

만약 아무런 일을 하지 않아도 꾸준히 돈이 나온다면 어떨까? 최소한의 생활이 가능한 돈을 매달 받는다면 적어도 가난에 시달릴 걱정은 하지 않아도 될 것 같다. 최근 전 세계 각국에서는 이와 같은 소득을 제도화하자는 논의가 활발하게 이루어지고 있다. 이것이 바로 '기본 소득'이다.

기본 소득은 정부가 모든 국민에게 똑같이 생활비를 지급하는 소득 분배 제도를 뜻한다. 건강 보험, 고용 보험, 국민연금 등의 사회보장제도는 모두 개인이 냈던 돈을 나중에 돌려주는 방식이다. 아동 수당, 장애인 수당과 같은 사회 수당은 사회적 약자라는 특정 집단에만 지급한다. 하지만 기본 소득은 가지고 있는 재산

기본 소득은 정부가 모든 국민에게 아무런 조건 없이 똑같이 지급하는 돈이다.

이 얼마나 되는지, 벌어들이는 돈이 얼마나 있는지, 어떤 일을 하고 있는지에 상관없이 모든 사람에게 똑같이 준다. 일반적인 사회보장제도와는 다르다. 2020년 코로나19 팬데믹으로 위축된 경기를 회복하기 위해 우리나라 정부가 전 국민에게 지급한 '재난지원금'이 대표적이다.

기본 소득은 언제, 누가 처음 주장했을까? 그 역사는 18세기까지 거슬러 올라간다. 당시 미국의 독립 혁명가인 토머스 페인은 땅을 가진 사람에게 세금을 걷어 모든 사람에게 보조금을 주자고 제안했다. 그는 50세가 넘은 노인에게는 해마다 10파운드씩 연금을 주고, 20세의 남녀에게는 사회 활동을 안정적으로 시작할 수 있도록 15파운드를 주자는 주장을 펼쳤다.

20세기에 들어서도 기본 소득을 도입하자는 목소리가 이어졌다. 유명한 인권 운동가인 미국의 마틴 루서 킹도 기본 소득을 주장했다. 1986년에는 유럽의 기본 소득 연구자들이 모여 기본 소득 유럽 네트워크BIEN, Basic Income Europe Network라는 기구를 결성했다. '모든 개인에게 아무런 조건 없이 현금으로 지급한다'는 기본 소득의 원칙이 이 기구에서 나왔다.

기본 소득의 원칙을 온전히 실현한 나라는 아직 없다. 하지만 전 세계 곳곳에서 다양한 형태로 기본 소득을 실험하고 있다. 대표적인 사례로 미국의 알래스카주에서 시행하는 '알래스카 영구 기금 배당'을 꼽을 수 있다. 이는 알래스카의 석유 자원으로 얻는 수익을 주민들에게 나누어 주는 제도다. 모든 알래스카 주민은 매년 한 차례, 1인당 1,000~2,000달러약 111만~222만 원의 배당금을 받을 수 있다.

기본 소득을 도입해야 한다고 주장하는 사람들은 인간이 일자리를 잃을 수도 있는 미래의 대안이 될 수 있다고 말한다. 인공 지능이 발전하면 로봇에 밀려 실직자가 되는 사람이 늘어날 것으로 보인다. 한편 고도의 과학 기술을 가진 극소수의 사람은 엄청난 부를 쌓아 사회 양극화가 매우 심화될 수 있다. 이런 상황에 기본 소득이 안전망 역할을 해줄 것이라는 기대다. 그리고 국민이 기본 소득을 받으면 소비가 활발해져서 국가 경제가 성장하는 데 도움이 될 것이라는 주장도 있다.

하지만 기본 소득을 시행하기에 현실적으로 어렵다는 주장도 만만치 않다. 우선 모든 국민에게 공평히 내줄 만큼의 자금을 마련하기 어렵다는 점이 대표적 문제다. 기본 소득을 시행하면 원래 있던 사회보장제도를 유지하기 어렵다는 지적도 나온다. 아무런 일을 하지 않는 사람에게 돈을 주는 행동은 옳지 않다는 비판도 있다.

일하다 다치면 누가 치료해 줄까?

평상시처럼 아침에 눈을 떴는데 주변이 너무 밝았다. 알고 보니 알람을 듣지 못하고 너무 늦게 일어난 것이다. 허겁지겁 택시를 잡아타고 회사로 가는 길, 택시 운전사가 실수로 급정거하는 바람에 교통사고를 당했다. 이렇게 지각을 피하려다 교통사고가 났다면 얼마나 당황스럽고 두려울까? 아픈 몸에 대한 보상도, 재활 치료도 걱정되고, 회사에 가지 못해 마음도 힘들 것이다.

이럴 때 가장 먼저 생각할 수 있는 것이 산재 보험이다. 이에 대해 이름은 들어 봤지만 아는 게 전혀 없다고 말하는 사람도 많다. 산재 보험은 어떤 도움을 줄까? 지금부터 일을 하다 다친 근로자를 위한 든든한 보험, 산재 보험에 대해 알아보자.

앞서 말한 것처럼 국민연금, 건강 보험, 고용 보험, 그리고 산재 보험을 4대 보험이라 한다. 그중 산재 보험은 산업 재해 보상 보험의 준말로, 근로복지공단에서 관리한다. 산재 보험은 일을 하다가 부상, 질병, 장해가 생기거나 사망하게 되었을 때 각종 치료비와 사망 보험금 등을 보상해 주는 제도다.

일하다가 뜻하지 않게 사고를 당하면 생활이 불안정해진다. 이때 회사는 근로자에게 손해 배상을 해야 한다. 산재 보험은 사고를 겪은 근로자의 생활이 안정되도록 돕고 고용주의 부담도 덜기 위해 만들어졌다. 산재 보험은 정말 중요하다. 산재 보험 덕분에 근로자는 돈 걱정 없이 치료받고 안정적으로 업무에 복귀할 수 있다.

국민연금, 건강 보험, 고용 보험은 회사와 근로자가 비용을 나누어 내지만 산재 보험은 사업주가 모든 비용을 낸다. 즉, 근로자는 보험료를 낼 필요 없다. 사업주들이 낸 보험금을 이용해 산업 재해를 겪은 근로자에게 보상해 주는 제도이기 때문이다. 이는 산업 재해에 대한 책임은 고용주에게 있다는 원칙을 반영한 것이다.

회사는 근로자를 고용한 날 또는 사업을 시작한 날부터 14일 안에 보험 관계 성립 신고서를 꼭 제출해야 한다. 만일 이를 어긴다면, 고용주는 근로 기준법에 따라 처벌받을 수 있다.

산재 보험은 사고를 겪은 근로자의 생활이 안정될 수 있도록 돕는 제도다.

무엇이 산업 재해일까?

업무와 관련한 사고 때문에 질병이나 부상을 얻거나 4일 이상의 요양이 필요한 경우, 또는 사망했을 경우를 산업 재해라고 한다. 크게 업무상 사고와 업무상 질병, 출퇴근 재해로 나누는데, 이 3가지 중 하나에 해당한다면 보상을 받을 수 있다.

업무상 사고는 업무와 관련한 일로 다치거나 죽는 사고다. 업무상 질병은 일하는 동안 건강에 문제를 일으킬 수 있는 요인을 취급해야 했거나 그에 노출되어 발생한 병을 말한다. 출퇴근 재해는 도보, 대중교통, 자가용 등 교통수단에 관계없이 평소에 다니던 경로와 방법으로 출퇴근하던 길에 발생한 사고다. 이처럼 업무 시간에 일어난 재해뿐만 아니라 업무에 필요한 부수적인 행동을 하다 입은 피해도 산업 재해에 포함된다.

고용주는 사업장에서 생긴 위험을 책임져야 한다. 따라서 산재 보험은 고용주가 비용을 100퍼센트 부담한다. 그렇다면 궁금증이 들 수 있다. 산재 보험 적용을 받기 위해서는 회사에서 동의해 줘야 하는 걸까?

아니다! 산재 보험은 산재가 생겼는지 여부가 핵심이다. 일하다 다친 것인지가 중요하지, 고용주의 동의는 필요하지 않다. 직원이 한 명이라도 있는 모든 사업장은 산재 보험에 의무적으로 가입해야 한다. 따라서 일하다 생긴 문제로 병원 치료를 받았다면 안심하고 근로복지공단에 산재 보험을 신청해 피해 보상을 받을 수 있다.

산재 보상 기준

3일 안에 치료할 수 있는 부상이나 질병은 산재 보험의 대상이
아니다. 즉, 산재 보험의 보상을 받으려면 4일 이상 치료를 받아
야 한다. 일하다 실수해서 생긴 부상이라고 해도 보험금이 달라
지지 않는다. 사회 보험이기 때문에 정해진 액수, 정해진 비율로
보상받을 수 있다. 다만 사업주의 과실이 큰 경우에는 보험금이
부족할 경우 회사에 손해 배상을 청구할 수 있다.

산재 보험은 일하는 과정에서 생긴 사고를 보상하기 위해 법
으로 정한 제도다. 보상을 받기 위해서는, 근로자가 보상을 받기
에 합당한 상황인지 미리 판단해야 한다. 다음 3가지 조건을 모
두 충족해야 한다.

첫째, 재해를 입은 사람이 '근로자'여야 한다. 근로자란 임금을
받기 위해 일해 주는 사람을 말한다. 직업의 종류와 관계없으므
로 정규직, 비정규직, 상용직, 일용직, 아르바이트 모두 포함된다.
정신노동, 육체노동 상관없이 임금을 받으려는 목적으로 사업장
에서 일하면 근로자다.

둘째, '업무상 재해'여야 한다. 개인적인 이유로 일어난 재해,
예를 들어 원래 있던 지병이나 회사와 관련되지 않은 취미 생활
같은 행동을 하다가 생긴 재해는 해당되지 않는다. 또한 산업 재

해는 인적 손해부상, 질병, 장해, 사망에 한정하므로 자동차 수리비와 같은 물적 손해는 물어 주지 않는다.

셋째, 근로자가 일하는 곳이 산업 재해 보상 보험이 적용되는 사업장이어야 한다. 근로자를 고용한 사업장이라면 어디든지 보상 보험이 적용되지만, 5명 이하의 직원이 근무한다면 적용 대상에서 제외된다. 그래서 작은 회사에서는 산재 보험의 혜택을 받지 못하는 근로자가 생긴다.

산업 재해 보상 보험법이 적용되는 사업장이라면 소속 근로자는 사업장의 산업 재해 보상 보험 가입 유무와 관계없이 보상을 받을 권리가 있다. 산재 보험 또는 4대 보험에 가입하지 않았다는 이유로 산재 신청을 포기하면 안 된다.

아르바이트를 하다가 다쳤다면

직장인이라면 한 번쯤은 이런 생각을 해본다. 퇴근길에 빙판에 미끄러져 팔 골절을 당한다면 산재 보험이 적용될까? 앞에서 말했듯 이런 경우에도 당연히 보상을 받을 수 있다.

산재 보험에서는 교통수단에 관계없이 출근 또는 퇴근하던 중 발생한 사고에 대해서는 모두 보상해 준다. 출퇴근길 도보, 자전거 사고, 교통사고 모두 관계없다. 단, 개인적인 이유로 평소에 다니던 경로를 벗어나지 않아야 한다. 평소에 다니던 길이라면 식료품 구입, 자녀의 등·하교, 병원 진료 등 일상 생활에 필수적인 행동을 하다가 사고를 당해도 모두 산재 처리되어 보상받을 수 있다.

청소년이 아르바이트를 하다가 손에 화상을 입었다고 하자. 청소년 아르바이트생도 산재 보험 혜택을 받을 수 있을까? 당연하다. 산재 보상은 '사업장에 노동을 해주고 대가를 받는 누구나' 받을 수 있기 때문이다. 따라서 아르바이트를 하다 다쳤다면 근로복지공단으로 산재 신청을 해야 한다.

회사에 소속되지 않았는데 산재 보험에 가입할 수 있을까? 근로자와 비슷하게 일하지만 근로 기준법 등이 적용되지 않아서 업무상의 재해로부터 보호가 필요한 사람을 '특수 형태 근로 종사자'라고 한다. 보험 설계사, 건설 기계 운전기사, 학습지 교사, 골프장 캐디, 택배 기사, 퀵서비스 배달 기사, 대출 모집인, 신용카드 모집인, 대리운전 기사, 방문 강사, 방문 판매원, 화물차주, 가전제품 설치 기사 등이다. 이러한 근로자 역시 산재 보험에서 보호하는 대상이다.

일주일 정도 치료해야 하는 작은 부상을 당했을 때는 어떨까? 입원이나 수술을 해야 하는 큰 부상이 아니더라도 치료에 4일 이상 걸린다면 보상이 가능하다.

이미 사고가 났는데, 회사에서 산재 보험 가입을 안 해서 산재 처리를 못 해준다고 하는 경우가 있다. 이때도 당황하지 말자. 앞에서도 말했지만 사업장이 산재 보험에 가입되어 있지 않아도 보상받을 수 있다.

그렇다면 업무상 스트레스 때문에 생긴 우울증도 산재 처리가될까? 업무상 질병이란 업무 때문에 생긴 질병을 뜻한다. 예를들어, 일이 너무 많아 잠도 못 자고 끝도 없이 일하다 과로가 찾아왔거나, 몇 년간 건설 현장에서 무거운 장비를 들다 허리 디스크가 생겼거나, 공장에서 화학 약품을 다루다 병을 얻었다면 모두 업무상 질병이다. 신체적 질병뿐만 아니라 정신 건강이 손상된 경우도 포함된다. 공사 현장에서 건물이 무너지는 것을 목격해 얻은 트라우마, 수화기 너머 고객이 한 폭언 때문에 생긴 실어증, 직장 내 괴롭힘으로 얻은 공황장애나 우울증 등도 모두 산재신청 대상이다.

해외 출장자, 해외 파견자도 산재 보험의 혜택을 받을 수 있을까? 산업 재해 보상 보험법은 국내 회사에만 적용된다. 하지만국내 회사에 소속되어 있으면서 출장 간 것이라면 산재 보험이적용된다.

혼자 식당을 운영하는 사람이 음식을 만들다가 화상을 입었을때도 산재 보험 대상이 될까? 2019년 1월부터 산재 보험에 가입할 수 있는 1인 자영업자 업종으로 음식점업, 소매업, 도매 및 상품중개업, 기타 개인 서비스업 등이 추가되었다. 혼자 식당을 운영하는 사람뿐 아니라 길거리 붕어빵 판매업자, 고물 수집상, 이발소 주인, 웨딩 플래너, 산후 조리사, 구두닦이 등 다양한 직종이 해당된다.

근무 중 코로나19 감염자와의 접촉으로 질병에 걸린 경우는 어떨까? 업무를 수행하는 과정에서 감염성 질병에 노출되었다면 산업 재해로 인정받을 수 있다. 감염성 질병에는 코로나19 외에 B형 간염, C형 간염과 같은 혈액 전파성 질병과 결핵, 풍진, 홍역 등의 공기 전파성 질병이 포함된다.

산재 보험의 사각지대에 놓인 이주 노동자

베트남에서 온 이주 노동자 A씨는 버섯 농장에서 일하다가 지게차에 오른손을 다쳤다. 하지만 아무런 보상을 받지 못했다. 같이 일하던 팀장의 부주의로 난 사고였지만 사장은 병원비만 냈고 산재 보험은 없으니 보상받을 수 없다고 했다. 수술 후 의사는 더 입원해야 한다고 말했지만 사장은 퇴원을 권했다. 이후 물리 치료도 제대로 받지 못한 A씨는 다친 손으로 주먹을 쥐기조차 어려워졌다.

병원비 일부라도 받은 A씨는 그나마 사정이 나은 편이다. 캄보디아에서 온 B씨는 상추 농장에서 비닐하우스를 만들고 수리하는 일을 했다. 무거운 물건을 자주 들다 보니 팔, 어깨, 허리 등이 점점 아파 왔고, 병원에서는 최소 열흘은 쉬어야 한다고 진단했다. B씨는 진단서를 받아 병가를 내겠다고 했지만 사장은 그를 해고했다.

농축산업은 농기계 작동 부주의로 인한 사고가 많고, 같은 자세로 반복하는 단순 노동의 비중이 높아 산재 발생 빈도가 적지 않다. 그런데도 많은 이주 노동자가 산재 보험의 보장을 받지 못하고 있다. 농업, 어업 등은 5인 미만 종사자가 일하는 경우 산재 보험에 가입할 의무가 없기 때문이다. 안타깝지만 이러한 산재 보험 미적용 사업장에서 일하다가 재해를 입었다면 산재 신청을 할 수 없다.

인권 보장뿐만 아니라 다른 산업에서 일하는 이들과의 형평성을 고려했을 때도 모든 이주 노동자가 산재 보험 보장을 받는 것이 당연하다. 정부는 관련 법령을 개정해 사회 안전망을 확충할 의무가 있다. 산재 보험 가입 대상과 적용 범위를 확대해 사각지대를 줄여야 한다. 일하는 사람은 모두 산업 재해에서 보호받을 권리가 있기 때문이다.

보험 급여의 다양한 종류

업무상 재해를 당했을 때는 산업 재해 보상 보험법에 따라 보험 급여를 받을 수 있다. 지정된 산재 보험 의료 기관에 입원했다면 퇴원할 때까지 전액 무료이고, 일반 병원에 방문했다면 치료비, 입원비를 먼저 결제한 뒤 나중에 산재 신청을 해서 전부 지원받으면 된다.

이때 받을 수 있는 보험 급여는 여러 가지다. 앞서 말한 요양 급여 외에 휴업 급여, 장해 급여, 간병 급여, 유족 급여, 상병 보상 연금, 장의비, 직업 재활 급여 등으로 분류된다. 이러한 보험 급여는 근로자가 요구하는 내용에 따라 지급한다.

요양 급여는 진료비, 간병료, 이송료 등 치료와 관련한 모든 비용을 보상해 준다. 진료비는 치료하는 데 든 병원 비용, 간병료는 치료 중인 근로자가 수술을 받거나 몸이 많이 안 좋아 다른 사람이 간병할 때 드는 비용이다. 이송료는 이송에 소요되는 비용으로서 통원 치료에 따른 교통비, 숙박비, 식대, 동행한 간호인의 간병비 등이 포함된다.

휴업 급여는 산업 재해로 취업하지 못한 기간에 대해서 평균 임금의 70퍼센트를 지급하는 제도다. 만약 치료를 받으면서 파트타임으로 일한다면 부분 휴업 급여를 받을 수 있다.

그런데 요양해야 하는 기간이 길어져 일하지 못하는 상태가 계속되면 어떻게 할까? 이때는 휴업 급여 대신 오랜 치료에 따른 상병 보상 연금을 받을 수 있다.

장해 급여는 업무상의 사유로 신체적, 정신적, 육체적 장해를 입었을 때 그 정도에 따라 지급하는 돈이다. 장해 등급에 따라 장해 보상 연금 또는 장해 보상 일시금이 나온다.

치료가 끝난 뒤에도 다른 사람의 도움이 필요하다면 간병 비용을 지원한다. 요양 급여를 받고 장해가 남아 간병이 필요한 경우 실제 간병받은 날에 대해 간병 급여를 더 받을 수 있다.

근로자가 산업 재해로 사망한 경우 유족에게는 유족 급여가 나온다. 유족 급여는 유족 보상 연금이나 유족 보상 일시금으로 지급한다. 유족 보상 연금을 받을 자격이 있는 사람에게는 유족 보상 연금을 지급하는데, 이 자격은 산업재해보상보험법 제63조에 나와 있다. 받을 수 있는 사람이 없으면 유족 보상 일시금으로 지급한다. 또 장례와 제사를 지내면 장의비가 지급된다.

장해가 생겼지만 다시 일하고 싶을 때, 취업을 위해 직업 훈련이 필요한 경우에는 직업 재활 급여를 받을 수 있다. 직업 훈련을 받는 사람에게 지급하는 직업 훈련 비용과 직업 훈련 수당이 있고, 사업주에게 지급하는 직장 복귀 지원금, 직장 적응 훈련비, 재활 운동비 등이 있다. 그 밖에 맞춤형 통합 서비스, 창업 지원, 의료 재활 지원, 사회생활 지원, 생활 지원을 받을 수 있다.

그러나 아무리 보험 급여를 받을 수 있다고 해도, 건강을 잃고 난 뒤 회복하기란 정말 어려운 일이다. 부상이 아예 생기지 않는 것이 가장 좋다. 늘 조심, 또 조심해서 업무와 관련한 사고를 예방하도록 노력해야 한다.

사람은 누구나 성별이나 연령, 신체적 조건과는 관계없이 존엄하고 가치 있는 존재다. 사회 활동을 할 때도 모든 사람이 평등하게 대우받아야 한다. 하지만 대부분의 장애인이 직업을 선택하고 활동하는 일에서 차별을 겪고 있다. 장애인이 일터에서 불편하지 않게 생활하기 위해 정당한 요구를 해도, 묵살되고 거부당하는 경우가 많다.

장애인잡코치는 장애인이 안정적인 일자리에서 최대의 능력을 펼치며 일할 수 있도록 돕는 직업이다. 특별히 장애인잡코치는 구직 활동을 하는 데 고충을 겪는 장애인을 돕는다. 장애인이 업무를 원활하게 수행할 수 있도록 직업 훈련을 진행하며, 기업에서 장애인의 업무 범위를 결정할 때 자문 역할을 맡기도 한다.

장애인이 취업한 후 회사에서 함께 지내면서 근무 환경에 적응할 수 있도록 돕기도 한다. 직장에서 원활하게 소통할 수 있도록 인간관계와 직장 생활에 대한 조언을 하기도 하고, 다른 직원들을 대상으로 장애인을 배려하는 방법을 교육하기도 한다.

장애가 없는 사람이 아무렇지도 않게 생각하는 일들이 장애가 있는 사람에게는 큰 불편함으로 다가올 수 있다. 장애인잡코치는 이들에게 가장 필요한 것을 고민해야 하는 사람이다. 따라서 당연히 장애인을 깊이 이해하고 있어야 한다. 다양한 환경에 놓여 있는 사람과 소통하는 능력과 배려심도 물론 필요하다.

우리 사회의 인권 감수성이 높아지고 있다. 자연스럽게 장애인의 일자리와 생활 전반에 대한 지원이 늘어날 것이다. 앞으로 장애인잡코치의 역할은 더 커질 것으로 보인다.

롤 모델 찾기 제인 애덤스

미국의 사회 운동가 제인 애덤스는 1860년 독일계 영국인 부모에게서 태어나 유복하게 성장했다. 그의 아버지는 미국 공화당 상원의원이면서 에이브러햄 링컨 대통령의 친구이기도 했다. 애덤스는 어린 시절부터 가난하고 소외된 이들에 대해 따뜻한 관심을 가졌다. 일요일마다 교회 예배가 끝나면 음식 바구니를 들고 가난한 이웃을 만나러 다녔다.

대학에서는 의학을 공부했다. 의사가 되어 아픈 사람들에게 봉사하고 싶다는 꿈이 있었다. 그러나 건강이 너무 나빠져 학업을 이어나갈 수 없었다. 어릴 때부터 안짱다리에 척추 장애를 앓으며 몸이 약했다. 애덤스는 의사 대신 어떤 일을 하면 좋을지 고민하면서 유럽으로 여행을 떠났다. 이때 유럽 곳곳의 슬럼가와 그곳에서 사는 가난한 사람들을 직접 마주하게 되었다. 특히 영국의 복지 기관인 토인비 홀을 보고 새로운 꿈을 품게 되었다. 당시 미국에도 유럽에서 온 가난한 이민자가 많았다. 애덤스는 절친한 친구 엘렌 게이츠 스타와 함께 미국에도 토인비 홀과 비슷한 시설을 만들기로 뜻을 모았다. 그리고 시카고에 북아메리카 최초의 복지 기관인 헐 하우스를 세웠다.

헐 하우스에서는 이민자들의 정착을 돕는 직업 훈련과 교육을 진행했다. 일주일에 2,000명까지 수용할 수 있었으며 내부에는 유치원, 미술관, 카페, 체육관, 수영장, 제책소, 도서관 등이 있어 이민자들의 일상을 보살폈다. 애덤스는 이 시설을 통해 어려움에 처한 빈민들을 적극적으로 도왔다.

애덤스는 여성 참정 운동에도 적극적으로 참여했다. 아동과 여성의 8시간 노동 준수를 주장하고, 소년재판소 설립, 공립학교 개선 운동 등을 이끌었다. 그는 복지와 평화에 기여한 공로로 1931년 노벨평화상을 받았다.

롤 모델 찾기 말랄라 유사프자이

말랄라 유사프자이는 10세 때부터 활동한 소녀 인권 운동가다. 1997년 파키스탄 북부의 스와트에서 태어났다. 말랄라의 아버지 지아우딘 유사프자이는 교육 운동가이자 교사로, 유엔의 국제 교육 부문 고문이기도 하다. 말랄라는 아버지가 세운 학교를 다니며 자연스레 교육이 인간의 삶에 굉장히 중요하며 꼭 누려야 할 권리라는 생각을 갖게 되었다. 2009년 이슬람 극단주의 단체인 탈레반에게 억압받는 파키스탄 주민들의 일상과 여성의 교육권이 침해받는 현실을 고발하는 글을 블로그에 연재해 세계 언론의 큰 주목을 받았다. 말랄라의 글은 〈뉴욕타임스〉의 다큐멘터리 제작으로 이어지기도 했다.

동시에 탈레반에게서는 지속적인 살해 경고를 받았다. 탈레반은 이슬람 율법을 위반한다는 이유로 말랄라를 위협했다. 2012년 10월 말랄라는 탈레반 무장대원이 쏜 총에 맞아 목숨이 위태로울 만큼 큰 부상을 당했다. 다행히 영국 버밍엄으로 옮겨 치료를 받으며 극적으로 회복할 수 있었다. 그간의 활발한 활동과 이 사건을 계기로 2012년 말에 CNN이 선정한 '올해의 흥미로운 인물'에 미국의 버락 오바마 대통령에 이어 2위에 올랐다. 말랄라의 저항 정신을 지지하는 '나는 말랄라I am Malala' 캠페인도 전 세계 각지에서 펼쳐졌다.

말랄라는 영국 버밍엄으로 거처를 옮겨 여성과 어린이의 교육권을 주장하는 인권 운동을 활발하게 펼쳤다. 2013년 7월 12일, 16세 생일에 유엔에서 청년 대표로 자신의 신념을 담은 연설을 했다. "1명의 아이, 1명의 선생님, 1권의 책, 1개의 펜이 세상을 바꿀 수 있습니다." 유엔은 이날을 '말랄라의 날'로 지정했다.

말랄라는 2014년 여성과 어린이 인권에 기여한 공로로 17세의 나이에 노벨평화상을 받으며 역대 최연소 노벨상 수상자가 되었다.

직접 해보는
진로찾기

하고 싶은 일을 하려면 무엇을 준비해야 할까?
관심 있는 직업을 직접 조사해 보자.

나의 관심사	

나의 성격	

좋아하는 공부	

내가 되고 싶은 직업	

이 직업이 하는 일	❶
	❷
	❸
	❹
	❺

진출 분야	
필요한 능력	
해야 할 공부 및 활동	
관련 자격증	
이 직업의 롤 모델	

참고 자료

도서

- 박성민 지음, 《직업과 경력개발》, 서현사, 2012.
- 박성민 지음, 《21세기 지식산업과 경쟁력》, 서현사, 2012.
- 솔다드 브라비, 도로테 베르네르 지음, 《만화로 보는 성차별의 역사》, 한빛비즈, 2019.
- 손원준 지음 《국민연금 건강보험 고용보험 산재보험 4대보험 사회보험》. 지식만들기, 2021.
- 송가연 지음, 《오늘도 비출산을 다짐합니다》, 갈라파고스, 2017.
- 양승조 지음, 《위기의 대한민국, 미래를 말하다》, 젤리판다, 2020.
- 원석조 지음, 《사회복지 역사의 이해》, 양서원, 2012.
- 원석조 지음, 《사회복지 발달사》, 공동체, 2019.

논문

- 김영수. 유행병과 국제협력: 에이즈의 사례를 통해서 본 코비드-19의 함의와 국제협력의 전망. 평화연구(Peace Studies), 28(2), 151-187, 2020.
- 송시현,김성길,원종숙. 한국미래교육학의 연구동향 :'미래교육연구'발행 논문을 중심으로. 미래교육연구, 10(4), 77-95, 2020.
- 이은정, 마은경. 노인복지현장의 직무분석에 따른 노인복지 교육과정 분석. 노인복지연구. 63. 257-277. 2014.
- 한국건설산업연구원. 건설동향브리핑 제650호. 2018.
- Bhutani, Surabhi, Cooper, Jamie A. COVID-19-Related Home Confinement in Adults: Weight Gain Risks and Opportunities. OBESITY 28(9). 2020.

- Goldsmith, Andrew J., Eke, Onyinyechi F., Alhassan Al Saud, Ahad, Al Mulhim, Abdullah, Kharasch, Sigmund, Huang, Calvin, Liteplo, Andrew S., Shokoohi, Hamid, Gottlieb, Michael. Remodeling Point-of-care Ultrasound Education in the Era of COVID-19. AEM EDUCATION AND TRAINING 4(3). 2020.
- Berkowitz, E. D. Welfare Reform as History. Reviews in American history. 26(2). 1998.

웹사이트

- 경제협력개발기구(OECD) data.oecd.org
- 국토교통부 www.molit.go.kr/USR/BORD0201
- 고용노동부 공식 블로그 blog.naver.com/molab_suda
- 교육부 www.moe.go.kr/main/mainSub04.do?m=04&s=moe
- 근로복지공단 공식 블로그 blog.naver.com/comwel2009
- 기획재정부 www.moef.go.kr/st/ecnmyidx
- 노인인력개발원 www.kordi.or.kr/content.do?cmsId
- 미국 질병통제예방센터 www.cdc.gov/covid19
- 보건복지부 www.mohw.go.kr/react/jb
- 영국 보건부 www.gov.uk/organisations
- 유럽연합(EU) europa.eu/european-union/business_en
- 유엔(UN) www.un.org/en/events-and-news
- 의료보험심사평가원 opendata.hira.or.kr/home.do
- 진로정보망 커리어넷 www.career.go.kr

사진 출처

- 25쪽 ChicagoPhotographer / Shutterstock.com
- 41쪽 Piotrus / wikimedia.org
- 62쪽 hanum putri / Shutterstock.com
- 72쪽 Jisoo Song / Shutterstock.com
- 81쪽 rkl_foto / Shutterstock.com
- 90쪽 katatonia82 / Shutterstock.com
- 145쪽 BaitoeyPYN / Shutterstock.com
- 152쪽 Frederic Legrand - COMEO / Shutterstock.com

교과 연계

▶ 중학교 ─────────────────────────

통합사회

Ⅲ. 생활 공간과 사회

1. 산업화·도시화에 따른 변화와 문제점

2. 교통·통신의 발달과 정보화에 따른 변화와 문제점

Ⅳ. 인권 보장과 헌법

1. 인권의 의미와 현대 사회의 인권

Ⅵ. 사회 정의와 불평등

1. 정의의 의미와 기준

XⅡ. 문화와 다양성

4. 다문화 사회와 문화 다양성

사회문화

Ⅵ. 사회 계층과 불평등

1. 사회 불평등의 이해

3. 다양한 사회 불평등

4. 사회 복지와 복지 제도

Ⅴ. 현대의 사회 변동

3. 저출산·고령화와 다문화적 변화

생활과윤리

Ⅲ. 사회와 윤리

2. 사회 정의와 윤리

3. 국가와 시민의 윤리

찾아보기

다른 인스타그램

뉴스레터 구독

복지로 모두의 인권을 지킨다면

의료부터 교육까지 행복한 사회를 만드는 7가지 복지

초판 1쇄 2021년 6월 15일
초판 3쇄 2024년 11월 7일

지은이 박성민·승지홍

펴낸이 김한청
기획편집 원경은 차언조 양선화 양희우 유자영
마케팅 정원식 이진범
디자인 이성아 김현주
운영 설채린

펴낸곳 도서출판 다른
출판등록 2004년 9월 2일 제2013-000194호
주소 서울시 마포구 동교로 27길 3-10 희경빌딩 4층
전화 02-3143-6478 **팩스** 02-3143-6479 **이메일** khc15968@hanmail.net
블로그 blog.naver.com/darun_pub **인스타그램** @darunpublishers

ISBN 979-11-5633-395-1 44000
          979-11-5633-250-3 (세트)

다른 생각이
다른 세상을 만듭니다